MÉMOIRE
SUR
LES VAGABONDS
ET SUR
LES MENDIANTS.

par m letrosne avocat du roi a orleans

A SOISSONS,

Et se trouve

A PARIS,

Chez P. G. SIMON, Imprimeur du Parlement rue de la Harpe, à l'Hercule.

M. D. CC. LXIV.

AVEC APPROBATION.

MÉMOIRE
SUR
LES VAGABONDS
ET SUR
LES MENDIANTS (1).

L'AGRICULTURE ne demande qu'à être délivrée des obstacles qui l'empêchent de s'étendre, elle ne sollicite que la liberté pour la vente des productions, & la sûreté pour les Cultivateurs. L'industrie, qui n'est qu'endormie, est prête à se ranimer, & trouvera toujours dans la terre, qui n'a rien perdu de sa fécondité, la récompense de son travail. C'est un ressort comprimé par un poids qui l'empêche de déployer toute sa force, mais il n'a rien perdu de son activité, il la reprendra dès qu'il sera en liberté.

Les Vagabonds & les Mendiants sont pour

(1) Ce Mémoire a été envoyé, au mois de Mars 1763, à M. le Contrôleur Général par une Société d'Agriculture, & a paru mériter l'attention du Conseil.

la campagne le fléau le plus terrible, ils attaquent directement la sûreté de ses Habitans, & rendent vraiment à plaindre un état si déja pénible par lui-même : leur nombre & leurs excès sont portés à un point qui mérite toute l'attention du Gouvernement, & exige de sa part les mesures les plus promptes & les plus efficaces.

Pour mettre de l'ordre dans une matiere si étendue, nous exposerons d'abord les maux infinis & de tout genre que causent les Vagabonds.

En second lieu nous verrons les remedes que le Gouvernement a opposés à ce désordre en différens tems, & nous en montrerons l'insuffisance.

En troisiéme lieu, nous établirons l'unique moyen de supprimer les Vagabonds.

En quatriéme lieu, nous proposerons un projet pour soumettre la mendicité à une police exacte.

PREMIERE PARTIE.

Dans laquelle on expose les maux infinis & de tout genre que causent les Vagabonds (1).

Exposition sommaire des maux que causent les Vagabonds à l'Etat en général.

Notre objet n'est pas d'insister sur les maux que causent les Vagabonds à l'Etat en général ; il nous suffit de les indiquer. Perte d'un grand nombre de Sujets, qui non-seulement lui deviennent inutiles mais à charge : renchérissement de la main-d'œuvre pour les Campagnes comme pour les Villes, par la soustraction de tant de travailleurs : augmentation pour le Peuple des tailles, corvées & autres impositions solidaires ; le taux de ceux qui quittent leur état pour errer, retombe nécessairement sur ceux qui restent, & devient une surcharge : perte de la population de tous ces Sujets ; ils ne sont pas mariés pour la plûpart ; ils traînent quelques femmes après eux avec lesquelles ils vivent dans la plus grande débauche ; les enfans qui naissent de ces conjonctions illicites, sont exposés & abandonnés, ou périssent faute de secours. Il n'appartient qu'à l'amour paternel de prendre les soins longs & pénibles qu'entraîne l'éducation ; & l'amour paternel trouve-t'il place dans des cœurs si corrompus ? Ceux qui par hazard survivent à une enfance si malheureuse, sont élevés dans le dégoût du travail, & suivent le genre de vie de leurs père & mère.

On pourroit espérer de voir diminuer la quantité des Vagabonds, si leurs troupes ne se recrutoient que de leurs enfans. Mais cet état est trop commode pour ne pas trouver beaucoup de gens qui l'embrassent, & qui regardent comme le plus grand bonheur d'être dispensés du travail, d'être exempts de toute imposition, de toute charge, de toute subordination, & libres de toute inquiétude pour le lendemain. Si cet état nous paroît horrible, l'oisiveté & le libertinage qui l'accompagnent en adoucissent les rigueurs, l'habitude les fait même disparoître, & les chaînes qu'elle sçait former ne permettent plus de le quitter.

La Société seroit heureuse, si le préjudice

Ils sont pou

la Campagne le fléau le plus terrible.

que lui cause les Vagabonds se réduisoit à la priver du travail & de la population légitime d'un si grand nombre de Sujets, mais il faut nécessairement que ceux qui n'ont que le travail pour subsister & qui s'y refusent, soient nourris aux dépens de ceux qui travaillent. Sous ce point de vue, les Vagabonds sont pour la campagne le fléau le plus terrible.

Ils y levent de véritables contributions.

Ce sont des insectes voraces qui l'infectent & qui la désolent, & qui dévorent journellement la subsistance des Cultivateurs. Ce sont, pour parler sans figure, des troupes ennemies répandues sur la surface du territoire, qui y vivent à discrétion, comme dans un pays conquis, & qui y levent de véritables contributions sous le titre d'aumône. Ces contributions égalent ou surpassent la taille dans les pays les plus pauvres, elles vont au tiers où à la moitié dans ceux où les impositions sont plus fortes, en raison des facultés des Habitans.

Il ne peut y avoir là-dessus de précision; cette dépense varie suivant que le pain est cher, que les Fermes sont plus ou moins à portée des chemins, ou qu'elles sont plus ou moins connues des Mendiants, car ils ont entr'eux une tradition géographique des endroits où ils ont coutume de coucher. Il y a aussi des tems où il en paroît moins que dans d'autres. Nous connoissons une Province où ils abondent tellement, qu'ils semblent s'y réunir de concert. On y voit dans chaque Ferme jusqu'à quinze, vingt ou trente Mendiants tous les jours suivant les cantons; c'est-à-dire, qu'il faut distribuer quinze ou vingt-cinq livres de pain, sans compter ce qu'ils exigent de surplus.

Quoiqu'une partie de cette Province soit très-pauvre, elle en est inondée. Ils s'y rassemblent volontiers pendant l'hyver, parce que le bois y est très-commun.

Rendons à cet égard au Laboureur la justice qu'il mérite. Il est naturellement bon & généreux, sur-tout dans les cantons où il reste un peu d'aisance. Il donne volontiers aux Pauvres du Pays qu'il connoît & qu'il sçait avoir besoin de secours ; mais qui pourroit sans douleur se voir arracher sa subsistance par des étrangers & des inconnus, par des gens qui ne demandent du pain que parce qu'ils ne veulent pas travailler ; combien même ne seroit pas mal entendue la libéralité d'un homme qui se plairoit à favoriser l'oisiveté par des distributions aussi déplacées.

Si les aumônes sont volontaires dans les Villes, elles sont forcées dans les Campagnes.

Que les Habitans des Villes ne s'imaginent donc pas que le Laboureur soit comme eux le maître de donner ou de refuser quand il lui plaît : on ne lui demande pas, on exige ; on ne reçoit pas à titre d'aumône, mais comme une dette : il ne donne pas, il paye une vraie contribution, & il faut qu'il le fasse sans se plaindre, sans murmurer, sans y mêler le moindre reproche, sans refuser une partie de ce qu'on lui demande. Ordinairement la distribution se fait en pain, la quantité qu'un Mendiant en ramasse en un jour, est souvent si considérable, qu'il en vend une partie dans les Cabarets ; & qu'a-t-il besoin d'en amasser, il est sûr d'en retrouver le lendemain ? Aussi ces Mendiants refusent souvent du pain, on en voit exiger du bled dont ils trouvent aisément à se défaire, ou tout ſimplement de l'argent ; ils demandent auſſi de la viande ou du vin ſuivant les Cantons. Souvent ils ne ſe contentent pas de demander, ils dérobent ce qu'ils peuvent, & tout leur eſt bon, linge, habits, agneaux, volaille de toute eſpece. Lorſqu'ils ont ramaſſé des proviſions, ils achetent du vin dans les Cabarets, & vont faire des feſtins dans les bois ; ils débouchent les paſſages des hayes pour avoir du bois ſec, ils en coupent de verd, font grand feu pour ſe chauffer ou pour cuire leurs viandes, & combien de taillis n'ont-ils pas incendiés.

Vols ſimples commis journellement par les Vagabonds.

Lorſqu'ils arrivent dans une Ferme pour coucher, ils y entrent comme chez eux, ils s'emparent tellement du feu que les gens de la maiſon ne peuvent en approcher, ils les regardent comme étant deſtinés à les ſervir, ils ſe font faire de la ſoupe & de la bouillie pour les enfans. S'ils ne demandent pas toujours avec inſolence, c'eſt qu'ils n'éprouvent guères de contradiction ni de refus. La terreur qu'ils inſpirent fait qu'ils n'ont qu'à ſe préſenter pour être obéis, tout plie, tout fléchit devant eux ; & qui oſeroit leur réſiſter ? La crainte leur fait ouvrir toutes les portes, & cette crainte n'eſt que trop fondée, l'Habitant de la campagne eſt aſſez courageux pour l'ordinaire, mais il ſçait qu'en cette occaſion il n'a d'autre parti à prendre que le ſilence, il ſent que, contre un ſi grand nombre d'ennemis qui ſe ſuccédent, la réſiſtance ſeroit dangereuſe.

Inſolence des Vagabonds.

Les Mendiants n'ont que trop ſouvent des ſecrets funeſtes pour faire périr les beſtaux. Les

Crainte qu'ils inſpirent.

mortalités que les Fermiers éprouvent ſans qu'on en puiſſe voir la cauſe, ſont pour l'ordinaire occaſionnées par ces miſérables, dont la vengeance eſt plus efficace que les ſortiléges, dont les gens de la campagne ont tant d'appréhenſion.

Mais ſouvent cette eſpèce de vengeance eſt trop lente & trop obſcure à leur gré, ils préferent des moyens plus prompts & plus éclatans. Le feu eſt dans leurs mains une arme dont ils ſçavent également menacer & ſe ſervir. Si un Fermier leur fait quelque reproche ſur leur nombre ou leur inſolence, s'il a la témérité de leur refuſer une partie de ce qu'ils demandent, ils ſçavent très-bien menacer du feu, ſur-tout lorſqu'ils ſe voyent en force; & ils ſe font obéir d'autant plus ſûrement, que l'on eſt perſuadé qu'ils en ſont capables & qu'ils y ſont très-diſpoſés. Si ces accidents n'arrivent pas tous les jours, c'eſt que par une prompte condeſcendance à ce qu'ils exigent, on évite d'y donner lieu; mais ils ont ſoin de renouveller de tems en tems ces terribles exemples, & d'entretenir la terreur qui pourroit s'affoiblir inſenſiblement dans l'eſprit des Habitans de la campagne.

Incendies fréquentes.

On eſt ſurpris d'abord que des hommes ſe portent de ſang froid à des crimes dont il ne paroît pas qu'ils profitent. Mais qu'on y faſſe attention: ces crimes ne ſont pas pour eux des crimes inutiles & perdus. L'effet de ces cruels accidens eſt d'intimider un pays & de convaincre qu'on ne doit rien leur refuſer, ſi on ne veut perdre tout ſon bien.

Nous avons une connoiſſance particuliere

d'un accident de ce genre arrivé le 1 Octobre 1762. Des Vagabonds ont mis extérieurement le feu à une grange remplie de grains ; la perte des bâtimens est de 1800 livres, celle des grains & pailles qui y étoient contenus est de 3000 livres : pareil accident étoit arrivé l'année précédente dans la même Paroisse.

Qui pourroit compter le nombre des Fermes & Maisons que les Vagabonds ont incendiés depuis quelques années dans nos Provinces. Quel est l'Habitant de la campagne qui n'ait vû ou entendu raconter de ces sortes d'accidents arrivés dans son canton, à ses voisins ou à des gens de sa connoissance ? Quel est celui qui n'ait sujet d'appréhender un pareil sort, & qui puisse se promettre de l'éviter.

Maniere dont on doit envisager les Vagabonds par rapport à la Société civile.

Il existe donc dans l'état un nombre considérable de gens qui font profession de ne rien faire & de vivre aux dépens des autres, qui ont abdiqué toute occupation & tout domicile, qui ne connoissent ni règle, ni joug, ni Supérieur, qui non-seulement sont indépendans, mais qui sçavent se faire craindre & obéir. Ils vivent au milieu de la société sans en être membres, ils y vivent dans cet état où les hommes seroient s'il n'y avoit ni loix, ni police, ni autorité ; dans cet état que l'on suppose avoir eu lieu avant l'établissement des Sociétés civiles, mais qui, sans avoir jamais existé pour tout un peuple, se trouve par une contradiction singuliere, réalisé au milieu d'une Société policée.

Si l'indépendance dans laquelle ils se maintiennent, n'attaquoit que l'Autorité Souveraine, elle seule seroit intéressée à réprimer cette rébellion ſourde & continuelle; mais ils vivent dans un véritable état de guerre avec tous les Citoyens. Car n'eſt-ce pas faire la guerre que d'attaquer en même tems la ſûreté perſonnelle & la propriété des biens, de mettre un Pays à contribution, de ne vivre que de butin, de ne manger d'autre pain que celui que l'on a arraché par la crainte, de ſe faire obéir par des menaces trop ſouvent effectuées.

Cette guerre inteſtine & journaliere, qui, ſi elle ſe faiſoit à armes égales, ſe termineroit bientôt par la deſtruction des Vagabonds, eſt toute entiere à leur avantage. Dans l'état naturel la force ſe repoufferoit par la force, & la ſupériorité reſteroit au plus grand nombre. Ici c'eſt la force qui lutte contre les Loix, & les Loix reſtent dans l'inaction. Ici la force dans des mains auſſi foibles que mépriſables, prévaut, parce qu'elle ne trouve point de réſiſtance, & qu'elle attaque des gens que les Loix ont déſarmés. Car dans l'état civil chacun eſt dépouillé de l'uſage de ſes propres forces : l'Autorité Souveraine les réunit toutes, & ſe charge de défendre les Sujets qui ſous ſa protection, deviennent plus forts qu'ils ne ſeroient comme particuliers iſolés. Mais lorſque l'Etat ne fait pas uſage de la force publique dont il diſpoſe pour maintenir au-dedans l'ordre & la paix, les Sujets ſont plus foibles qu'ils n'étoient. Car l'autorité qui leur manque au beſoin, & ſe taît pour leur défenſe, ne leur rend pas en même tems l'uſage de leurs forces particulieres. C'eſt ainſi que les Habitans de la campagne qui ſouvent ſçauroient très-bien ſe faire juſtice à eux-mêmes, ſi dans un Etat policé il étoit permis de ſe la rendre, ſont livrés à la diſcrétion des Vagabonds.

L'état de Vagabond eſt la pepiniere des Voleurs & des Aſſaſſins.

Mais non-ſeulement l'état de Vagabond eſt par lui-même un crime dans la Société civile, il en entraîne encore bien d'autres à ſa ſuite, & eſt la pepiniere des Voleurs & des Aſſaſſins. Il eſt impoſſible en effet que des gens qui ſont profeſſion d'oiſiveté, qui ſe ſont voués à la diſſolution & à la débauche, qui traînent après eux des femmes encore plus corrompues qu'eux-mêmes s'il étoit poſſible, ſe contentent de demander même avec inſolence & avec menaces.

Ils joignent à l'oiſiveté les excès de l'intempérance, ils ne veulent pas travailler & veulent être bien nourris; il faut néceſſairement voler pour ſatisfaire à cette dépenſe, & ils ne manquent ni d'occaſions, ni de diſpoſitions pour le faire.

Ils ſont continuellement à portée de ſe rencontrer & de s'attrouper en tel nombre qu'ils jugent à propos; car qui oſeroit les contredire ſur leur nombre, & d'ailleurs combien ne leur eſt-il pas facile de ne paroître enſemble que deux ou trois, de prendre des endroits de raliement, & d'arriver à la ſuite les uns des autres?

Tous leurs diſcours ne roulent que ſur leurs exploits; les femmes encore plus avides de butin que les hommes, les animent: elles préferent les plus intrépides, & ceux qui ſe diſtinguent par plus de forfaits. Ceux qui reculent dans l'occaſion, ou qui manquent leur coup, ſont traités de lâches. Dans leur langue, aller travailler en tel endroit, c'eſt aller voler, & ils ont raiſon, c'eſt un eſpece de travail, ſi on le compare à la facilité qu'ils ont de recevoir en demandant. Ils n'ont autre chose à faire que de méditer leurs complots & de prendre leurs mesures pour réussir. Ils rodent continuellement dans la campagne, ils examinent les approches des maisons, & s'informent du nombre des personnes qui les habitent & des facultés du Maître; malheur à ceux qui ont la réputation d'avoir quelqu'argent.

Nous ne parlons pas des vols simples, ce sont des fautes légeres qui ne méritent pas qu'on y fasse attention si on les compare aux crimes dont il s'agit. Mais combien de vols de grand chemin & de vols avec effraction, combien de Voyageurs assassinés, de maisons & de portes enfoncées avec des coûtres de charrues qu'ils trouvent sur les terres, combien d'assassinats tous plus cruels les uns que les autres, combien de Curés, de Laboureurs, de Veuves à qui ils ont brûlé les pieds pour tirer d'eux où étoit leur argent, & qu'ils ont tués ensuite, combien n'en ont-ils pas brûlé en entier ou assommés avec des bâtons ferrés?

Voici la maniere dont les Vagabonds exécutent leurs complots. Ce sont presque toujours leurs concubines qui les y engagent, de maniere que lorsqu'on voit des Vagabonds avec des femmes, on peut être comme assuré que ce sont des Voleurs. Les femmes vont d'abord seules dans les Métairies demander à coucher: elles examinent le nombre de personnes qui les habitent, ainsi que toutes les approches & les issues des bâtimens. Elles vont le lendemain rendre compte de leurs découvertes, & se retirent dans les bois pour attendre le succès. Les Voleurs instruits du détail vont la nuit enfoncer les portes, ou même des murs, ce qui n'est pas bien difficile; ils se saisissent des gens qu'ils trouvent endormis, leur lient les pieds & les mains, les ensevelissent dans leurs couvertures, & leur font souffrir les plus cruels tourmens pour se faire livrer leur argent. La plûpart du tems ils les tuent ensuite. Quelquefois ils entrent cinq ou six dans une Ferme à l'heure du souper, ils environnent la table, & armés de bâtons en forme de massue, ils assomment les Maîtres & les Domestiques sans qu'ils ayent le tems de se reconnoître. Ils portent ensuite à leurs concubines l'argent & les effets qu'ils ont volés; celles-ci les déposent chez des receleurs affidés, ou dénaturent les effets de maniere qu'il n'est pas possible de les reconnoître. C'est ainsi qu'ont été commis dans une Généralité très-proche de Paris en 1755 & les années suivantes, plus de 25 vols & assassinats, dont plusieurs ont fait périr des familles entieres. Plus de quarante coupables ont été punis du dernier supplice, sans que cet exemple intimide les autres, & rétablisse la sûreté dans les campagnes.

Nous ne prétendons pas que tous les Vagabonds soient capables de se porter à ces excès; si cela étoit, la campagne ne seroit pas habitable, chaque jour verroit renouveller ces cruels accidens; mais il n'en est pas moins vrai que c'est parmi eux que se forment les Voleurs & les Assassins, qui sont tous des Mendiants & vagabonds, & qu'on ne peut arrêter le cours de ces crimes qu'en proscrivant efficacement un genre de vie qui les facilite, & qui y conduit par l'habitude de commettre des vols simples, dont il y a peu de Vagabonds qui ne soient coupables.

L'Etat poursuit avec vigueur la vengeance des grands crimes, la Justice déploye toute sa sévérité, & immole autant de victimes qu'elle peut découvrir de coupables; elle espere que la rigueur & la publicité des supplices pourront servir de frein. Mais qu'il nous soit permis de le dire, c'est vouloir empêcher les effets sans détruire la cause, c'est retrancher quelques branches & laisser subsister l'arbre qui les produit.

Il en coûte tous les ans à l'Etat des sommes considérables pour la poursuite des crimes qui attaquent la sûreté publique. Sans parler de l'entretien des Maréchaussées, dons l'établissement ne peut procurer l'utilité qu'on en devroit retirer tant que l'on n'ira pas à la source du mal, combien l'instruction des Procès criminels n'est-elle pas coûteuse; on seroit étonné de la somme à laquelle montent les frais des Procès qui s'instruisent prévôtalement, si on vouloit en faire le calcul.

N'est-on pas en droit de dire qu'il en coûteroit beaucoup moins pour prévenir les crimes, que pour les punir; mais ce qui est vraiment irréparable, c'est la perte de tant de Citoyens que ces misérables ont assassinés; c'est même la perte des coupables qui sont morts sous le glaive de la Justice. Quelqu'indignes qu'ils soient de toute commisération, en tant qu'hommes ils étoient précieux à l'Etat, & il eût été facile de les mettre dans l'heureuse impuissance de commettre les crimes qui les ont conduits au supplice.

Triste situation des Habitans de la campagne.

Tel est le tableau trop fidele des maux auxquels la campagne est en proie. Telle est la triste condition du Cultivateur, d'être forcé de partager avec des Vagabonds le fruit de ses sueurs, & souvent son nécessaire, de voir continuellement sa vie en danger, & ses biens exposés au pillage, d'avoir toujours lieu de craindre que dans le nombre des Mendiants qu'il loge journellement chez lui, il n'y ait des Incendiaires, des Voleurs ou des Assassins. Il est juste cependant que la campagne soit le séjour de la paix & du calme, comme elle l'est de l'innocence. Il est juste que le Cultivateur jouisse de la tranquillité de l'esprit au milieu des occupations pénibles auxquelles il est destiné. Il est juste que personne ne puisse lui arracher la portion de la recolte qui lui appartient, ou du salaire qu'il a gagné si légitimement.

Ils méritent à tous égards la protection du Gouvernement.

Il est juste qu'il participe aux avantages de la Société, qui ne réunit les hommes que pour procurer leur sûreté & assurer la propriété de leurs biens. Tout Citoyen a droit à cette protection, & quel est celui qui la mérite à plus juste titre que le Cultivateur, & qui la paye par plus de services? C'est lui qui est le soutien de l'Etat, qui en fait la force, qui en crée les richesses par son travail, qui lui fournit des Soldats, qui en supporte toutes les charges, puisque l'impôt, de quelque maniere qu'il soit combiné, est payé par les productions de la terre.

Le Cultivateur a d'autant plus de droit à la protection du Gouvernement, qu'il en a plus de besoin. Il est éloigné des Villes & privé de tout secours. Pendant le jour son travail l'appelle loin de sa demeure, sa maison reste vacante, ou n'est gardée que par sa femme environnée d'enfans en bas-âge ; quel risque ne court-elle pas d'être attaquée & insultée ? La nuit sa maison ne peut lui procurer qu'une foible défense, le moindre effort suffit pour en forcer l'entrée ; les bâtimens qui renferment ses bestiaux ou ses recoltes, les mettent à l'abri des injures de l'air, sans les défendre contre la malice des hommes. Tout ce qu'il possede est sous la garde de la foi publique ; mais plus il est exposé, plus la Loi doit veiller à sa sûreté. Il est placé dans une distance qui ne lui permet pas d'élever la voix pour reclamer l'attention du Gouvernement, il faut que le Souverain s'abaisse pour faire descendre jusques sur lui les regards bienfaisans de sa prévoyance.

SECONDE PARTIE.

Dans laquelle on expose ce que le Gouvernement a fait en divers tems contre les Vagabonds, & l'insuffisance des moyens qu'il a employés.

A voir le nombre de Vagabonds & de Mendiants qui inondent nos Villes & nos Campagnes, on seroit porté à croire que le Gouvernement n'a jamais fixé son attention sur une partie si intéressante de l'administration intérieure. Cependant, par une espece de contradiction que l'on a peine à concevoir, il est éga-

Numero Legum laboramus.

lement vrai d'une part, qu'il n'y a point de Royaume où les Loix ayent été plus multipliées contre ce désordre, & de l'autre, qu'il n'y en a peut-être point où il soit plus commun & plus impuni. Tant il est vrai que la quantité des Loix ne sert qu'à embarrasser par la contrariété des vues qu'elles renferment; & que la Police ne peut se maintenir que par des dispositions simples, constantes, uniformes & invariables.

Il n'est point étonnant que les Habitans de la campagne ayent été vexés & exposés au pillage dans ces tems malheureux où l'Autorité Royale étoit mal affermie, où les Seigneurs puissans & redoutables entretenoient continuellement des gens armés, soit pour faire la guerre, soit pour piller les Peuples, & où lés gens de guerre qui couvroient la campagne, n'étoient soumis à aucune discipline.

Les Guerres civiles qui sont survenues ensuite, ont perpétué ce désordre, quelle force peuvent avoir les Loix dans des tems de crise & d'orage, où l'autorité est chancelante, où la licence n'a plus de frein, où la force contraint l'obeissance & devient l'unique titre pour commander, où la voix du Maître légitime est étouffée par les cris de la sédition.

A mesure que l'Autorité Souveraine a repris ses droits, tout pouvoir s'est abaissé devant Elle, les Grands ont été soumis & sont devenus les premiers d'entre les Sujets; les foibles ont respiré sous l'empire des Loix, ils ont joui de la liberté légitime qui fait les Citoyens, & ont trouvé un asile toujours ouvert dans les Tribunaux chargés de distribuer également à tous la justice dont le Prince est débiteur envers tous. Depuis long-

tems

tems il n'y a plus d'oppreſſeurs ni de tyrans dans les Provinces ; les Sujets ne connoiſſent qu'un Maître, & nul ne peut leur commander qu'en ſon nom. Par quelle fatalité faut-il que les Peuples, qui n'ont plus rien à craindre des Grands, ſoient fatigués & tourmentés par une troupe de miſérables Mendiants qui les fait trembler & obéir ? L'Autorité Souveraine a fait plier ſous le joug des Loix les têtes les plus ſuperbes, & elle trouve de la réſiſtance dans une poignée de gens les plus vils & les plus abjects. Elle a diſſipé les orages qui ont ébranlé l'Etat, & cet arbre majeſtueux qu'elle a affermi avec tant de travaux, eſt attaqué ſourdement par de viles inſectes qui rongent imperceptiblement ſes racines, & le font languir. Sont-ils donc trop foibles pour être apperçus, ou ſont-ils trop mépriſables pour attirer ſon attention ? Mais il ne faut qu'un ſouffle pour les détruire, un mot du Gouvernement ſuffit pour les faire diſparoître & en délivrer nos campagnes pour toujours.

N'accuſons pas le Gouvernement d'avoir fermé les yeux ſur ce déſordre, il s'en eſt occupé dans tous les tems, & s'il ſubſiſte encore, ce n'eſt pas faute de Loix & de précautions.

Etabliſſement des Maréchauſſées.

Il paroît que c'eſt Charles VII qui, après les guerres contre les Anglois, a le premier établi les Maréchauſſées pour purger les Provinces des gens de guerre congédiés & ſans emploi qui pilloient le pays. Notre objet n'eſt pas de parcourir tous les Réglemens donnés à ce ſujet, & de ſuivre les divers changemens que le Corps des Maréchauſſées a éprouvés. Il nous ſuffit de dire qu'elles ont été établies pour maintenir la sûreté publique & la liberté du commerce, pour protéger les Gens de la campagne & les Voyageurs contre toute insulte. A cet effet il leur a été enjoint dans tous les tems * de tenir la campagne pour la purger de gens malvivans, & nétoyer le pays des Voleurs & des Vagabonds qu'ils y trouveront; de faire exactement leurs chevauchées dans le lieu de leur district, & d'y vacquer continuellement sans pouvoir séjourner dans les Villes, de monter à cheval aussitôt qu'ils seront avertis de quelque délit; de n'exiger aucun salaire des Parties qui reclament leur assistance, à peine de privation de leur état; de faire toute diligence nécessaire pour appréhender les délinquans sans user de délai ni dissimulation; & pour accélerer le cours de la Justice, il a été donné aux Prevôts des Maréchaussées Jurisdiction en dernier ressort sur les Vagabonds qui ont paru indignes de la faveur de l'appel.

* Ordonnances d'Orleans, de Moulins, de Blois, & autres Edits & Ordonnances. Déclaration de 1660, art. 11.

L'Edit de Mars 1720, qui a donné une nouvelle forme aux Maréchaussées, n'a rien changé dans leur destination. La Déclaration du 5 Février 1731, qui détermine d'une maniere précise la compétence des Prevôts des Maréchaux, tant sur les personnes que par rapport aux crimes, porte article premier, qu'ils connoîtront de tous les crimes commis par Vagabonds & Gens sans aveu, & leur enjoint d'arrêter ceux ou celles qui sont de cette qualité, encore qu'ils ne fussent prévenus d'aucun crime ou délit, pour leur être leur procès fait & parfait conformément aux Ordonnances; ainsi que les Mendiants valides qui sont de la même qualité, pour procéder contr'eux suivant les Edits

& Déclarations qui ont été donnés sur le fait de la mendicité.

Qui ne croiroit que la campagne gardée & protégée par un Corps de Troupes uniquement destiné à cet effet, ne dût jouir d'une tranquillité parfaite & être à l'abri de toute insulte, que la race des Vagabonds ne dût être éteinte depuis longtems, & le Laboureur déchargé d'une contribution aussi onéreuse. Cependant pour peu qu'on habite nos campagnes, il est aisé de connoître leur véritable situation à cet égard.

La continuation de ce désordre n'est pas assurément un motif qui doive faire regarder l'établissement des Maréchaussées comme inutile en lui-même; il mérite toute notre reconnoissance, & est un témoignage de la sage prévoyance de nos Rois, & du soin qu'ils prennent de maintenir la tranquillité publique. Nous sommes également éloignés de douter du zele des Officiers de la Maréchaussée, & d'attribuer à leur conduite le peu de fruit que la campagne paroît retirer de leurs services.

Insuffisance de nos Loix sur cet objet.

C'est dans la Législation même que nous prétendons trouver la cause de ce désordre, dans la multiplicité des Loix portées sur cette matiere, & dans la variation des mesures que l'on a prises, dans l'incertitude où ces Loix ont jetté les Tribunaux, dans le peu d'exécution dont elles étoient susceptibles pour la plûpart, enfin dans l'insuffisance de la peine qu'elles prononcent.

A quoi serviroit en effet que les Maréchaussées parcourussent exactement les campagnes pour arrêter tous les Vagabonds & Mendiants valides, aux termes des Ordonnances, & en particulier de la Déclaration de 1731; si les Juges devant qui on les mene, ne sont autorisés à en purger la Société par une peine efficace & sérieuse; si la Justice attend pour les punir qu'ils ayent commis d'autres crimes; si la Loi, après avoir multiplié les précautions & armé tant de bras pour les poursuivre, n'a rien à prononcer contr'eux?

Ce n'est pas que de tems en tems l'excès du désordre n'ait réveillé l'attention du Gouvernement, & ne l'ait porté à prendre des mesures pour l'arrêter; si ces mesures sont honneur à la bonté & à la douceur du Gouvernement, leur peu de succès doit les faire abandonner pour toujours.

On a pensé que la mendicité pouvoit être excusée dans les Vagabonds & les Gens valides, comme étant occasionnée par la misere. On s'est flatté d'en ôter la cause & de la faire cesser en établissant des ouvrages publics, où les Mendiants puissent trouver du travail. On ne s'est cru en quelque sorte en droit de les punir que lorsqu'ils continueroient de mendier au mépris de cette ressource qu'on leur offroit. Et en ce cas même, quelles peines a-t-on prononcées?

Mesures prises sous Louis XIV contre la mendicité. Déclaration de 1685.

C'est le parti que paroît avoir pris Louis XIV pour arrêter la mendicité & ses suites. Il annonce par la Déclaration du 13 Avril 1685, qu'il a fait ouvrir des Atteliers dans les différentes Provinces du Royaume; il enjoint aux Mendiants & Vagabonds qui ne sont point natifs de Paris, d'en sortir sous peine de prison pendant un mois pour la premiere fois, de cinq ans de galeres pour la seconde. Il est ordonné aux Mendiants natifs de Paris, ou des environs, de s'enrôler pour travailler aux Atteliers établis à Paris (1).

La Déclaration du 10 Février 1699, renouvelle précisément les mêmes dispositions. Ces deux Loix ont eu pour principal objet d'empêcher la mendicité dans la Ville de Paris. Déclaration de 1699.

La Déclaration du 25 Juillet 1700 est plus générale. Il est ordonné à toutes personnes de 15 ans & au-dessus, de gagner leur vie par le travail, *à peine d'être punis comme Vagabonds* (2); & à tous Mendiants & Vagabonds de se retirer dans quinzaine dans le lieu de leur naissance; leur est fait défenses de s'attrouper plus de quatre, de demeurer sur les grands chemins, d'aller dans les Fermes sous prétexte de demander l'aumône, à peine du fouet à l'égard des hommes pour la premiere fois, pour la seconde, du fouet & du carcan à l'égard de ceux qui n'ont pas 20 ans, & de 5 ans de galeres pour ceux qui ont 20 ans & au-dessus; à peine pour les femmes d'être enfermées pendant un mois dans les Hôpitaux, en cas de récidive d'être fustigées & mises au carcan. *Il est défendu à toutes personnes de leur rien donner à peine de 50 liv. d'amende.* On prend en même tems des mesures pour pourvoir à leur subsistance dans leur retraite pour les loger & secourir pendant l'hiver lors prochain; on annonce pour le Prin- Déclaration de 1700.

---

(1) Nous nous réservons de rapporter la Déclaration du 28 Janvier 1687, dans la troisiéme Partie.

(2) Qu'il me soit permis d'observer que la qualité de Vagabond & celle de Mendiant domicilié, sont si différentes, qu'on ne doit jamais les confondre.

tems suivant l'établissement d'ouvrages publics où ils pourront travailler; on ouvre les Hôpitaux à tous les Invalides, aux femmes nourrices & aux enfans, & on leur défend de mendier sous peine du fouet & du carcan, & pour la récidive, sous peine d'y être enfermés; on défend aux Administrateurs de les en laisser sortir, même sous prétexte de manque de fond, *auquel on promet de pourvoir.* Enfin, pour l'exécution de cette Déclaration, il est ordonné aux Lieutenans de Police de faire arrêter tous les Mendiants dans les Villes, & aux Prevôts des Maréchaux de les faire arrêter dans les campagnes & sur les grands chemins.

Déclaration de 1701.

La Déclaration du 27 Août 1701, rendue pour Paris, détermine la véritable qualité de Vagabonds; & sans parler des Atteliers publics qui avoient dû être établis, enjoint purement & simplement aux Vagabonds de prendre des emplois, & ordonne qu'ils soient condamnés pour la premiere fois à être bannis du Ressort de la Prevôté de Paris, pour la deuxiéme envoyés aux galeres pour trois ans.

Mesures prises sous le présent Regne.

Telles sont les mesures que l'on a prises sous le dernier Regne contre les Vagabonds: elles étoient excellentes dans la spéculation, impraticables dans l'exécution. Suspendons les réflexions, & parcourons les Loix rendues sur le même fait sous le présent Regne. Par la Déclaration du 8 Janvier 1719, qui ne paroissoit rendue que pour Paris, & a été déclarée commune à tout le Royaume par celle du 12 Mars même année. Il est porté, *que dans tous les cas où les Loix prononcent la peine des galeres contre les Vagabonds*, les Juges pourront ordonner que les hommes seront transportés aux Colonies pour y travailler comme engagés, soit à tems, soit à toujours, sans que cette peine emporte la mort civile.

La Déclaration du 5 Juillet 1722 a révoqué celle de 1719, défend aux Juges d'ordonner le transport dans les Colonies, & renouvelle purement & simplement les Déclarations de 1682 & 1687, contre ceux ou celles qui ne gardent pas leur ban, ensemble celles de 1700 & 1701 contre les Vagabonds & Mendiants. Déclar. de 1722.

La Déclaration du 18 Juillet 1724 présente un nouveau plan, & sembloit devoir produire un effet plus constant. Art. I. Il est enjoint à tous Mendiants valides de prendre un emploi pour subsister; aux invalides, aux femmes enceintes, nourrices & aux enfans de se présenter sous quinzaine dans les Hôpitaux les plus prochains, où ils seront reçus & occupés suivant leurs forces au profit des Hôpitaux. *Le Roi promet de fournir les secours nécessaires.* Par l'Art. II, pour ôter tout prétexte à la mendicité, il est permis à tous Mendians valides qui n'auront pas trouvé d'ouvrage dans la quinzaine, de s'engager aux Hôpitaux qui leur fourniront la nourriture & entretien, ils seront distribués en compagnies de vingt hommes, sous un Sergent qui les conduira tous les jours à l'ouvrage; ils seront employés aux travaux des Ponts & Chaussées & autres; ils travailleront au profit de l'Hôpital, qui leur donnera toutes les semaines un sixième du prix par forme de gratification; *ceux qui quitteront sans congé, ou pour aller mendier de nouveau, ou même pour aller servir ailleurs, seront condamnés à cinq ans de galere.* Déclar. de 1724.

L'Art III ordonne qu'après le délai de quinzaine les hommes & femmes valides ou invalides & enfans qui feront trouvés mendians, feront arrêtés & conduits dans les Hôpitaux, les Invalides y feront nourris toute leur vie, les femmes nourrices ou enceintes & les enfans, un tems suffisant. *Les hommes & femmes valides renfermés & nourris au pain & à l'eau pendant au moins deux mois, puis élargis; pour la seconde contravention, renfermés au moins pour trois mois, & marqués avant leur élargissement de la lettre* M. *au bras dans l'intérieur de l'Hôpital*, sans que cette marque emporte infamie : pour la troisiéme contravention, les femmes feront enfermées dans les Hôpitaux au moins pendant cinq ans, même à perpétuité s'il y échet, les hommes envoyés aux galeres pour cinq ans.

L'Art. IV veut qu'il soit donné par les Hôpitaux des Passeports à ceux qui voudront se retirer chez eux, & en prescrit la forme.

L'Art. V prend des précautions pour que l'on puisse connoître plus facilement ceux qui auront déja été arrêtés une premiere fois, ou contre lesquels il y auroit des faits qui méritent d'être approfondis.

L'Art. VI porte que les Mendiants qui feront arrêtés demandant l'aumône avec insolence, ceux qui se diront faussement Soldats ou feront porteurs de congés faux, ceux qui, lorsqu'ils auront été conduits à l'Hôpital, auront déguisé leurs noms, ceux qui auront été arrêtés contrefaisans les estropiés ou les malades, qui se feront attroupés plus de quatre, qui auront été trouvés armés, qui auront été ci-devant flétris, quoiqu'arrêtés mendiant pour la premiere fois, feront envoyés aux Galeres pour cinq ans s'ils font valides, & les femmes & hommes invalides fuftigés dans l'intérieur de l'Hôpital, & détenus à tems ou à perpétuité dans l'Hôpital; le furplus de cette Déclaration porte injonction aux Maréchauffées d'arrêter tous Mendiants & Vagabonds, & regle la compétence.

La Déclaration du 20 Octobre 1750, qui eft la derniere Loi portée fur cette matiere, n'eft que provifoire, elle promet un Réglement général, & en attendant, fe borne à réitérer les injonctions ordinaires, de prendre un emploi ou de fe retirer; & ordonne qu'après le délai d'un mois, tous les Mendiants feront arrêtés & conduits dans les Hôpitaux pour y être gardés pendant le tems qu'il fera jugé convenable par les Directeurs. *Le Roi promet de pourvoir à leur fubfiftance.* Déclar. de 1750.

Telle eft, fous un même point de vue, la fuite des Loix portées fur cette matiere depuis quatre-vingt ans : elles ne préfentent que variations dans les projets, incertitude dans les peines qu'elles prononcent, inconvénient dans les détails, impoffibilité dans l'exécution : auffi n'en ont-elles jamais eu qu'une paffagere. Le caractere des Loix eft cependant de produire un effet durable & conftant.

Mais il ne fuffit pas de fçavoir que ces Loix font reftées fans exécution, il faut en difcuter la caufe, & la chercher dans la nature de leurs difpofitions.

1°. Les mefures que ces Loix ont prifes partent d'un principe bien refpectable, puifqu'il eft dicté par la bonté & la commifération, mais qui fe trouve contredit par l'expérience. 1°. On a fuppofé que c'étoit le travail qui manquoit, & c'eft la bonne volonté.

On a ſuppoſé que c'eſt le défaut de travail qui fait ordinairement les Vagabonds & les Mendiants, & on a penſé d'eux aſſez favorablemeent pour croire qu'il ſuffiſoit de leur offrir du travail pour les fixer. Mais le Gouvernement doit, avant toute choſe, être bien perſuadé que les Vagabonds de profeſſion ſont eſſentiellement ennemis du travail. Si on leur en préſente qui ait du rapport avec celui qu'ils ont fait autrefois, il en eſt pluſieurs qui pourront s'y employer de bonne foi. S'il eſt tout différent, ils prétexteront, pour s'en diſpenſer, qu'ils n'ont pas la force néceſſaire, qu'ils n'en ont pas l'habitude, qu'ils ne ſçavent pas remuer la terre. Tel eſt cependant le genre de travaux publics auquel on s'eſt propoſé de les appliquer. Pour peu qu'on habite la campagne, on ſçait que les Vagabonds ne veulent rien faire. Que l'on propoſe à un Vagabond valide de défricher, de faire des foſſés, il répondra qu'il ne peut s'arrêter, qu'il ne fait que paſſer pour aller à tel endroit. S'il ne peut s'y refuſer, il vous oblige bien-tôt de le congédier par la maniere dont il travaille; ou bien il s'en ira au premier moment, & l'on doit ſe regarder comme heureux, s'il n'emporte pas les outils qu'on lui a confiés.

Ce n'eſt point aſſurément le travail qui manque, c'eſt la bonne volonté. En tems de guerre tout homme valide a la reſſource de ſervir le Roi, en tems de paix il a à choiſir de l'occupation en tout genre. Quiconque eſt embarraſſé pour en trouver, n'a qu'à s'offrir pour ſa nourriture, ou même diminuer ſur le prix ordinaire, il eſt sûr de n'en pas manquer.

Il n'y a que deux moyens de faire travailler les Vagabonds, c'eſt de les y contraindre par force, ou de leur infliger un châtiment ſi ſévère, qu'ils préférent encore le parti du travail.

2°. On a prononcé des peines inſuffiſantes.

2°. La reſſource du travail que le Légiſlateur préſentoit aux Mendiants valides, la retraite dans les Hôpitaux qu'il offroit aux invalides, donnoit droit ſans doute de punir ſévérement la mendicité, puiſqu'elle devenoit viſiblement volontaire & n'avoit plus d'excuſe. Cependant les Loix que nous avons citées ont uſé de la plus grande indulgence : les Déclarations de 1685 & de 1699 n'ordonnent que la recluſion d'un mois dans un Hôpital, pour la récidive, les Galeres pour cinq ans, le fouet & le carcan à l'égard des femmes ; celle de 1700 le fouet pour la premiere fois, cinq ans de Galeres pour la ſeconde ; celle de 1701, le banniſſement pour la premiere fois, trois ans de Galeres pour la ſeconde.

Le tranſport des Vagabonds & Mendiants valides aux Colonies, étoit un excellent moyen pour purger en peu de tems le Royaume, ſi on lui eut donné plus d'étendue ; mais on a reſtraint cette peine au ſeul cas où les Loix précédentes infligeoient celle des Galeres, & la premiere contravention eſt reſtée impunie comme par le paſſé.

Il ſemble que l'on ait pourvû à cet inconvénient par une Ordonnance du 10 Mars 1720. Elle porte que, paſſé le délai d'un mois, tous les Vagabonds & Mendiants ſeront arrêtés, & que ceux qui ſeront reconnus pour Vagabonds, ſeront conduits aux Colonies ; mais comment les Juges auroient-ils pû prononcer en conformité, cette Ordonnance n'étoit pas revêtue de Lettres-Patentes, & ne leur eſt pas parvenue.

Au reſte, dès 1722 le Gouvernement a changé de réſolution à cet égard, & a fait défenſes de prononcer l'envoi aux Colonies.

Quoique la Déclaration de 1724 paroiſſe préſenter un nouveau plan, & dût faire eſpérer la ceſſation du déſordre; ſi on l'examine bien on y trouvera tout l'eſprit des Loix précédentes, même ſyſtême au fond, quoique les meſures ſoient différentes, même perſuaſion, dont on auroit dû être bien déſabuſé, que les Vagabonds ne demandent qu'à travailler: tout ſe réduit à une injonction de prendre un état, & à une exhortation, faute d'en trouver, de s'engager aux Hôpitaux: l'indulgence eſt encore portée plus loin que par le paſſé; les deux premieres contraventions ne ſont punies que de la recluſion pour deux ou trois mois, ce n'eſt qu'à la troiſième qu'on prononce cinq ans de Galeres; par une eſpéce de contradiction dans l'ordre des peines, la Loi réſerve toute la ſévérité contre ceux qui après s'être engagés à un Hôpital, en ſortent ſans congé; elle prononce contr'eux la peine des Galeres pendant cinq ans. Par cette diſpoſition le ſort de ceux qui auroient d'abord obéi à la Loi, mais qui, dégoûtés de la ſubordination, auroient été enſuite mendier, *ou même ſervir ailleurs*, devenoit plus dur que la condition de ceux qui auroient toujours continué de mendier. Les Mendiants ſont ennemis de toute contrainte, la ſuite rigoureuſe d'un engagement qu'on leur préſentoit comme volontaire, devoit les en dégoûter pour toujours.

Nous nous ſommes informés de ce qui s'eſt paſſé à cet égard en 1724 dans l'Hôpital d'une Ville conſidérable, aucun Mendiant ne s'eſt préſenté pour s'engager à l'Hôpital, mais on y en a enfermé un très grand nombre ; & comme ils y étoient par force, on ne les a jamais fait ſortir pour travailler ſous la conduite d'un Sergent, ils ont été nourris ſans rien faire, & la Loi a manqué ſon but.

La Déclaration de 1750 a pris encore moins de précaution, elle n'ordonne que la recluſion dans les Hôpitaux pour un tems, qui ſera déterminé par les Directeurs, l'intérêt qu'ils ont eû de délivrer leur maiſon d'un pareil fardeau, a dû le rendre très-court : cette Déclaration a eu toute l'exécution qu'elle pouvoit avoir, on a enfermé dans les Hôpitaux un grand nombre de Mendiants qu'on a relâchés peu après.

Des peines auſſi légeres que celles prononcées par les différentes Déclarations ſont-elles capables de faire même balancer les Vagabonds entre les rigueurs du travail, que le défaut d'habitude leur fait enviſager comme un ſupplice, & les douceurs de l'oiſiveté auxquelles ils ſont accoutumés. Ils regardent les Loix que le Gouvernement porte de tems en tems contre eux, comme des menaces qui n'ont point de ſuites, comme des orages qu'il faut laiſſer paſſer en tâchant de s'en garantir, ſoit en s'écartant dans des Provinces éloignées, ſoit en travaillant pendant quelques mois.

3°. Les reſſources qu'on a préſentées aux Mendiants n'ont jamais eu de ſtabilité.

3°. En ſuppoſant aux Mendiants toute la bonne volonté pour le travail que le Gouvernement s'eſt flatté de trouver en eux, les reſſources en ce genre qu'il leur a préſentées, n'ont jamais pû avoir qu'un effet limité & passager; & il en sera de même de toutes les entreprises semblables. Rien de plus à propos que d'ôter tout prétexte à la mendicité, de prévenir l'oisiveté, de procurer des secours par le travail, de faire par ce moyen circuler quelqu'argent dans les Provinces. Mais rien de si difficile que que de donner à ce projet toute l'étendue, l'ordre, la stabilité, la continuité nécessaire pour obvier à un mal général, perpétuel & toujours renaissant; à la premiere guerre tout est suspendu, des besoins les plus pressans exigent & attirent toute l'attention; d'ailleurs lorsqu'un travail est fini dans une Province, on n'en commence pas un autre sur le champ, & dans l'intervalle tout le monde se disperse. Le plan adopté par la Déclaration de 1724 paroît à cet inconvénient, les Mendiants n'étoient plus chargés du soin de chercher de l'ouvrage; dès qu'ils auroient été engagés à un Hôpital, c'étoit à lui à les nourrir & à les occuper. Mais la disproportion que cette Loi a mise entre la peine des engagés qui se retirent sans congé, & celle de ceux qui continueroient de mendier, jointe au dégoût naturel pour le travail, a empêché les Mendiants de se présenter.

Cette Déclaration n'a donc eu aucune exécution en cette partie, elle n'en a eu qu'une passagere par rapport à la reclusion des Mendiants que l'on a enfermés en grand nombre dans les Hôpitaux. On les a tous élargis en 1733 faute de fonds pour les nourrir. Les dispositions de cette Loi sont d'ailleurs tellement multipliées, qu'on n'a pû renfermer tout ce qu'il y avoit à faire en conséquence, dans la Loi même, on y a suppléé par une instruction particuliere qui contient un détail immense d'opérations : il eut fallu que les Administrateurs, pour y vaquer, eussent renoncé à toute autre occupation : a-t-on jamais pû se flatter de réussir ? Dans un grand Empire où le Ministère est nécessairement distrait sur les détails par les soins les plus importans, il ne faut employer que des moyens simples & qui aillent d'eux-mêmes dès que le Gouvernement a donné la premiere impulsion.

4°. Toutes les Loix que nous avons rapportées ne punissent réellement que la récidive, & la Déclaration de 1724 renchérissant encore sur l'indulgence des précédentes, ne prononce cinq ans de galeres que pour la troisiéme. Il faut qu'un Mendiant soit arrêté jusqu'à trois fois pour y être envoyé, d'où il arrive que cette peine n'est que comminatoire. D'ailleurs cette gradation dans les peines, suppose que l'on arrête exactement & continuellement tous les Mendiants : quand on le feroit avec cette persévérance qu'on n'a jamais employée ; dès qu'à la premiere contravention on ne leur inflige aucune marque extérieure qui puisse les distinguer, on les reprendroit dix fois, qu'on ne pourroit reconnoître ceux qui ont récidivé.

4°. On n'a puni que la récidive, & sans premiere de [illegible]tions, [illegible] la reconnoître.

La Déclaration de 1724 a cru prendre les précautions les plus sûres pour y parvenir. La lecture de l'Article V suffit pour en faire sentir l'insuffisance. Il n'y a que la flétrissure qui puisse les faire reconnoître. 1°. Elle n'est ordonnée que pour la seconde contravention. 2°. Les Administrateurs sont chargés de l'infliger, c'est-à-dire, qu'elle ne le ſera pas. Des gens dont l'état n'eſt point de juger, ſeront toujours retenus par la compaſſion, & ne puniront jamais que les fautes qui troublent l'ordre de la maiſon qu'ils gouvernent. Sur mille ou douze cens Mendiants qui ont en ce tems paſſé par l'Hôpital dont nous avons parlé, aucun n'a été flétri.

Pour que l'on fût à portée d'envoyer aux Galeres, dès la premiere contravention, les Mendiants déſignés dans l'Article VI de la Déclaration de 1724, & dans l'Art. III de celle de 1750, il faudroit que l'on arrêtât conſtamment tous les Mendiants, pour diſcerner ceux qui ſont dans les cas déſignés, ou du moins que les Maréchauſſées parcouruſſent exactement les campagnes pour arrêter ceux portés en ces Articles : mais comment pourroient-elles en faire le choix ? Ce déſordre eſt de nature à être réprimé en entier ou ſouffert en entier, comme il l'eſt réellement depuis ſi long-tems. C'eſt par un effet particulier de la Providence, qui ne permet pas toujours que les grands crimes reſtent impunis, que l'on arrête de tems en tems quelqu'uns des Vagabonds, voleurs & aſſaſſins. On ne les cherche pas ; ce ſont ordinairement les Payſans qui, ſur différens indices, les arrêtent & les amènent à Juſtice.

5°. On n'a jamais mis les Hôpitaux en état de nourrir ceux qu'on ordonnoit y être renfermés.

5°. La Declaration de 1700 & celle de 1724 ordonnent que tous les Mendiants invalides, femmes nourrices, enfans ſoient reçus, même renfermés de force dans les Hôpitaux. C'étoit le ſeul article de ces Loix qui fût ſuſceptible d'une exécution facile. Il ne s'agiſſoit que de fournir à leur ſubſiſtance, & le Gouvernement

ment promettoit d'y pourvoir, il ne paroît pas qu'il l'ait fait en 1700; il l'a fait en 1724, en augmentant pour cet objet de trois deniers pour livre le montant des impositions de toutes les Généralités. Depuis 1724 jusqu'en 1733, les Hôpitaux ont été payés à proportion du nombre de Mendiants qu'ils nourrissoient. En 1733 le Roi a cessé de les secourir, ils ont été contraints d'ouvrir les portes à tous les Mendiants, & l'impôt subsiste encore.

La Déclaration de 1750 promet également de pourvoir à la subsistance des Mendiants, qu'elle ordonne d'arrêter & d'enfermer dans les Hôpitaux. L'Hôpital dont nous avons parlé, n'a jamais été remboursé de la dépense qu'il a faite en cette occasion.

Ces réflexions sont prises du préambule de la Déclar. de 1724.

Ces réflexions suffisent pour découvrir les causes du peu de succès qu'ont eu les mesures prises en différens tems pour arrêter la mendicité; nous les avons puisées dans l'examen approfondi des diverses Déclarations; l'expérience les a justifiées: il y a plus, nous les avons presque toutes trouvées dictées dans le préambule de celle de 1724. Le Législateur reconnoît que ce qui avoit empêché le succès du grand nombre de Réglemens ci-devant faits à ce sujet, est que l'exécution n'en avoit pas été générale, que les Mendiants chassés des principales Villes avoient eû la facilité de se retirer ailleurs, & avoient été à portée de revenir bientôt; que les peines prononcées n'étoient point assez sévères; qu'il n'y avoit eu aucun ordre établi pour reconnoître ceux qui avoient été arrêtés plusieurs fois, & punir plus sévérement la récidive, que la trop grande facilité de se souftraire à la Loi, & le peu de danger d'être convaincu à cauſe de la légéreté de la peine, en avoit fait totalement négliger les diſpoſitions; enfin que l'on n'avoit pas pourvû ſuffiſamment à l'entretien des Hôpitaux, ce qui avoit obligé les Directeurs à en faire ſortir les Mendiants.

La Déclaration de 1724 a donc ſenti le défaut des Loix précédentes ſur tous ces points; a-t'elle pris des meſures plus effectives? C'eſt ce que nous avons aſſez diſcuté, la ſuite l'a fait voir, & le préambule de la Déclaration de 1750 annonce que le peu de ſuccès de celle de 1724 oblige d'apporter à ce déſordre des remedes plus efficaces que par le paſſé, & a fait eſpérer un Réglement général ſur cette matiere.

Nous manquons de loix ſur cet objet.

En attendant ce Réglement, on peut dire avec vérité, que nous manquons de Loix ſur un point ſi important, & il vaudroit mieux n'en avoir aucune, que d'en avoir un ſi grand nombre qui n'ont point eu d'exécution. Au milieu de ces changemens continuels de vûes, de plans, de meſures, quel parti peuvent prendre les Tribunaux; incertains de la route qu'ils doivent tenir, ils n'en ſuivent aucune, ils marchent au hazard: depuis 1733, ils ne peuvent ordonner la récluſion dans les Hôpitaux pour deux ou trois mois, ils prononcent le banniſſement.

Les Tribunaux prononcent le banniſſement; peine illuſoire contre les Vagabonds.

Le banniſſement contre un Vagabond; mais ſi c'eſt une peine pour un homme qui a une Patrie, un domicile, une famille, un état; cette peine eſt illuſoire & nulle pour un homme qui a abdiqué volontairement toute patrie, tout domicile, qui, bien loin d'être attaché à une famille, n'eſt avoué de perſonne; il y a plus, dont le crime eſt de n'avoir ni retraite ; ni état qui le fixe dans un endroit plutôt que dans un autre. Bannir un Vagabond d'une Généralité, c'eſt en laiſſer ſubſiſter la même quantité dans le Royaume, c'eſt échanger les Vagabonds d'une contrée contre ceux d'une autre, c'eſt ſe les renvoyer mutuellement, c'eſt leur dire, allez continuer le même état à vingt lieues d'ici : dans le vrai c'eſt encore moins, c'eſt ne rien prononcer du tout, c'eſt les mettre hors de Cour ; car cette condamnation eſt illuſoire, il leur eſt égal d'être ici ou ailleurs ; elle n'eſt point infamante, car rien n'eſt infamant pour qui n'a point d'honneur à perdre ; elle n'eſt pas ſuſceptible d'exécution. Malgré les peines prononcées par la Déclaration de 1682 contre ceux qui ne gardent pas leur ban, le grand nombre des Vagabonds, la liberté entiere dont ils jouiſſent, l'impoſſibilité de les reconnoître, ſi on les arrête de noveau, les mettent à portée de l'enfreindre impunément.

Voilà cependant à quoi ſe réduit dans le fait le remède que l'on oppoſe depuis long-tems à un mal auſſi étendu, auſſi imminent, auſſi contagieux : n'eſt-ce pas vouloir prendre des oiſeaux de proie avec des toiles d'araignée ? n'eſt-ce pas prétendre arrêter le cours d'un torrent rapide avec des filets ?

Mais eſt-ce la faute des Tribunaux ? croit-on qu'ils ne ſentent pas toute l'inutilité de la peine qu'ils prononcent, & qui, dans le vrai, n'eſt ordonnée par aucune Déclaration, ſi ce n'eſt par celle de 1701, rendue contre une autre eſpèce de Vagabonds que ceux dont il s'agit ici.

C'eſt donc l'inſuffiſance des Loix qui a porté

les Tribunaux à adopter la peine du bannissement. Fidélement attachés aux Loix, ils n'en sont que les Ministres, & ne font que les appliquer : quand elles leur manquent tout leur manque, ils restent sans armes, sans force, sans pouvoir ; & sont réduits, comme le reste des sujets, à demeurer spectateurs du désordre, qu'ils ne peuvent empêcher, & à en gémir.

TROISIEME PARTIE,

Dans laquelle on établit l'unique moyen de réprimer les Vagabonds.

L'expérience du passé est le meilleur maître pour l'avenir, elle nous a assez coûté pour servir au moins de préservatif contre tout projet qui rentreroit dans ceux qu'on a suivis jusqu'ici, & que quatre-vingt ans d'épreuve ont convaincus d'inutilité.

Tout plan de police en ce genre doit être adapté à l'étendue du territoire & à la forme du Gouvernement. Il y a tel moyen qui est praticable dans un petit Etat & qui ne l'est pas dans un grand, qui est excellent dans une République & qui seroit sans effet dans une Monarchie. Sans entrer dans le détail des raisons de différence, il est facile de sentir que les Républiques de Hollande ou de Genève peuvent prendre, contre la mendicité, des précautions qui ne réussiront jamais en France.

Il ne faut donc pas s'attacher aux projets qui semblent les plus beaux dans la spéculation ; mais chercher un moyen qui soit pratiquable & durable dans l'exécution.

Il ne faut pas confondre la qualité de Vagabonds avec celle de Mendiants. Ce ſont deux choſes fort diſtinctes par elles-mêmes, & très-ſouvent ſéparées dans le fait. *Les Vagabonds ſont ceux qui n'ont ni profeſſion, ni métier, ni domicile certain, ni bien pour ſubſiſter, & qui ne ſont avoués & ne peuvent faire certifier de leurs bonnes vies & mœurs par perſonnes dignes de foi.* Parmi eux il y en a qui ne vivent que de rapines, d'autres joignent l'état de voleurs à celui de Mendiants, d'autres ſe contentent de mendier, & plût à Dieu qu'il n'y en eût que de cette eſpèce.

Diſtinction & différence entre les Vagabonds & les Mendiants.

Déclar. de 1701, art. 2.

Il y a une infinité de Mendiants qui ſont domiciliés, qui ont une demeure, une famille; ils rempliſſent nos Villes où les Vagabonds font peu de ſéjour, ils occupent les Egliſes, les Places, les rues; quelques-uns s'emparent d'un poſte qu'ils ne quittent point, & dont ils chaſſent les autres; d'autres vaguent indifféremment par toute une Ville. Preſque tous vivent contens & tranquilles dans un Etat dont ils ſe trouvent bien: car tout eſt habitude, & celle de vivre ſans rien faire eſt très-facile à contracter, & très-douce à entretenir. La défenſe de leur donner l'aumône à peine de 50 livres portée en la Déclaration de 1700 n'a jamais été exécutée, & n'eſt pas de nature à l'être; tant qu'il en reſtera ſous nos yeux, la commiſération portera toujours à les aſſiſter, & ce ſentiment d'humanité ne peut être l'objet d'une punition.

Les Mendiants qui déſolent nos campagnes ſont preſque tous des Vagabonds. Si on y voit des Mendiants domiciliés, ce ſont des gens infirmes, âgés, & pour la plus grande partie des enfans dont les pere & mere sont chargés de famille. On leur donne volontiers parce qu'on les connoît. Mais on ne voit point de Mendiants domiciliés valides, un homme du pays en état de travailler n'oseroit mendier, & ne recevroit rien.

Cette distinction entre les Vagabonds & les Mendiants est d'autant plus essentielle, que les mesures qu'on peut prendre contre les uns & contre les autres, doivent être différentes & relatives à la qualité. Les Mendiants domiciliés ne sont pas si difficiles à contenir que les Vagabonds, ils tiennent à quelque chose, la Loi trouve prise sur eux. Ils sont bien moins à charge & moins dangereux, & à tous égards ils doivent être traités moins rigoureusement que les Vagabonds. Ceux-ci sont absolument indépendans & ont secoué tout joug, ils méritent toute la sévérité des Loix. La peine est comme un poids qui ne peut faire d'effet qu'autant que sa pesanteur est proportionnée à la résistance. Une peine légere ne fait que glisser sur ces ames dures, féroces, intraitables, & ne les ébranle pas. La fustigation n'est pour ces gens-là qu'un quart d'heure désagréable, la peine de la réclusion pour deux ou trois mois leur paroît peut-être plus forte, parce qu'elle est plus longue, celle du bannissement, (& c'est la seule que les Tribunaux prononcent aujourd'hui,) est pour eux une Sentence d'élargissement & une grace. La peine prononcée pour la récidive n'a jamais lieu, nous en avons exposé les raisons. La conclusion nécessaire est qu'on ne peut les réduire que par un châtiment qui les mette hors d'état de continuer.

Quel moyen croyons-nous donc devoir propoſer pour couper dans ſa racine un mal ſi grand, ſi invétéré, ſi redoutable, le voici. *La condamnation aux Galeres à pepétuité pour les Vagabonds ;* c'eſt-à-dire, pour tous ceux de la qualité portée en l'Article II de la Déclaration de 1701, ſoit qu'il y ait preuve qu'ils aient mendié ou non. En effet, les Loix n'ont jamais exigé pour qu'on pût arrêter un Vagabond, qu'il fût trouvé mendiant, ſon état eſt ſon crime, & un crime habituel qui fait la matiere de la condamnation. La mendicité n'y ajoute rien de plus, car c'eſt le moindre mal qu'un Vagabond puiſſe faire, puiſque dès qu'il ne veut pas travailler, il faut pour vivre qu'il vole ou qu'il mendie.

La condamnation aux galeres à perpétuité eſt la ſeule peine efficace contre les Vagabonds.

Si on s'attendoit à trouver ici quelque projet neuf & ſingulier ſur cette partie de l'adminiſtration intérieure, on ſera peut-être étonné de la ſimplicité du moyen que je propoſe : on dira qu'il ne m'a pas fallu faire un grand effort pour l'imaginer. L'effort eſt d'autant moindre, que je ne propoſe rien de nouveau. La peine des galeres à perpétuité eſt prononcée contre les Vagabonds par une Déclaration de Louis XIV, du 28 Janvier 1687. Cette Loi n'a jamais été révoquée, mais ſeulement obſcurcie & comme oubliée dans la foule des Réglemens poſtérieurs. Les Juges étoient dans le cas d'y revenir d'eux-mêmes, & de prononcer en conformité dès qu'ils ont vû que les meſures priſes par les Déclarations de 1700 & de 1724, ne pouvoient plus avoir d'exécution, par la ceſſation des ouvrages publics, & la ſouſtraction des ſecours accordés aux Hôpitaux. Il ne s'agit donc que

Ce moyen n'eſt pas nouveau. La Déclarat. du 28 Janv. 1687 a déja prononcé cette peine.

de remettre cette Loi en vigueur, en y ajoutant les mesures nécessaires pour en assurer l'effet.

Examen & discussion de la Déclar. de 1687.

Mais comme cette Loi, ainsi que bien d'autres, n'a jamais eu d'exécution ou n'en a eu qu'une passagere, examinons-la de nouveau, comme s'il s'agissoit de la proposer pour la premiere fois.

La condamnation eux Galeres à perpétuité paroît d'abord un moyen bien violent, il l'est en effet, si on le compare à l'état actuel, c'est-à-dire, à l'impunité entiere dont jouissent les Vagabonds, au grand détriment de la Société.

Mais si le désordre est porté à l'excès, peut-on le réprimer sans employer des moyens proportionnés? Si le mal est extrême, peut-il être guéri par des remedes doux, par de simples injonctions? Si ceux qu'on a apportés jusqu'ici ont été inutiles, n'en doit-on pas chercher de plus efficaces.

Doit-on regarder cette peine comme trop forte.

On conviendra aisément de l'efficacité de la peine portée par la Déclaration de 1687: voyons si on doit la regarder comme trop forte. Cette objection est d'autant plus importante à discuter, qu'elle est la seule qu'on puisse proposer.

J'examinerai d'abord en elle-même la nature du délit dont il s'agit, & je prouverai que la peine est dans une juste proportion avec le crime. 2°. Je considérerai la peine par rapport au caractere des coupables. 3°. Par rapport à la qualité des coupables. 4°. Par rapport à l'intérêt de la Société: enfin je ferai voir que cette peine, bien loin d'être trop rigoureuse, est salutaire à tous égards.

I. Il doit ſans doute y avoir des degrés dans les peines comme il y en a dans les crimes. Auſſi les grands crimes ſont punis de mort : & il en eſt que les Loix puniſſent du dernier ſupplice, quoiqu'ils ne paroiſſent pas mériter la mort par leur gravité intrinſéque, tels que le faux en certains cas, le vol domeſtique, &c. La ſûreté des Citoyens a paru exiger cette rigueur. *Salus populi ſuprema lex eſto.* Mais entre la mort naturelle & les peines légeres, il doit y avoir une peine intermédiaire, & cette peine ſont les Galeres.

Nature du crime dont il s'agit, tant en lui-même que dans ſes ſuites.

Il ne faut pas enviſager le déſordre dont il s'agit comme une faute ſimple de libertinage & de diſſolution, comme l'effet d'une légereté de jeuneſſe ſemblable à celle qu'on puniroit dans un jeune homme de famille, par une recluſion de ſix mois à Saint Lazare. Ce déſordre a des racines plus profondes & des ſuites bien plus funeſtes. Il eſt l'effet de l'oiſiveté choiſie avec réflexion par un homme qui n'a que ſon travail pour ſubſiſter.

Or l'oiſiveté eſt la mere de tous les vices : mais elle en produit de différens ſuivant l'eſpéce des gens. Elle mène au ſimple libertinage de mœurs & de conduite un homme qui a eu une certaine éducation : elle entraîne aux plus grands crimes un homme qui n'en a point eu. Elle porte celui-la à diſſiper ſon bien, à faire des baſſeſſes qui le deshonorent, ſouvent enſuite à travailler pour réparer les fautes de la prodigalité : elle force celui-ci à fonder ſa ſubſiſtance ſur le travail des autres, à leur arracher avec violence le pain de la main, à mettre le public à contribution. Elle conduit le premier à perdre les plus belles années de sa vie, à devenir inutile à lui-même & aux autres, à contracter une alliance honteuse, enfin à un dérangement dont il est seul puni, mais dont la Société souffre moins que lui. Dans le second elle produit une débauche excessive, une dissolution effrénée, souvent une disposition habituelle au vol, au meurtre & à tous les crimes : elle éteint en lui tout vestige de raison & d'humanité, & ne lui laisse pour motif de conduite que l'insolence, la brutalité, l'esprit des rapine & de concussion, elle le rend le fléau public & l'ennemi de la Société.

Aussi toutes les Loix ont regardé l'état de Vagabond comme contenant un délit grave & non une faute simple. C'est à ce titre qu'elles l'ont puni du fouet, de la flétrissure, des galeres : elles ne sont insuffisantes que parce qu'elles se sont écartées de la Déclaration du 28 Janvier 1687, qui avoit prononcé les galeres à perpétuité dès la premiere contravention (1).

En effet, un Vagabond est l'ennemi de la Société par état, il est en guerre avec tous les Citoyens, il leur enleve leur subsistance, il ne vit que de butin. N'est-ce donc pas un crime de lever des contributions sur les Peuples, & parce que ces contributions se levent sous l'ap-

---

(1) *Nota.* L'Ordonnance de Blois, Art. 360, défend à tous Cabaretiers de recevoir en leurs maisons gens sans aveu plus d'une nuit *sur peine des Galeres*, & leur enjoint sur pareille peine de les venir révéler à Justice. Quelles peines ne méritent donc pas des gens contre lesquels la Loi a cru devoir prendre des précautions si séveres.

parence d'aumône, en font-elles moins un véritable vol, & une exaction arrachée par la crainte? Quel préjudice n'est-ce pas faire à un Laboureur, de lui faire payer tous les ans 100 livres, 200 livres, 300 livres en distributions forcées.

On peut dire avec vérité que ceux qui regarderoient la peine des galeres à perpétuité comme trop forte, n'ont jamais été témoins des maux incroyables que causent les Vagabonds, & n'ont pas assez réfléchi sur les suites funestes qui en résultent; perte pour l'Etat de tous les Sujets que la contagion de l'exemple & l'impunité entraînent dans cette vie coupable; contributions levées sur les campagnes qui forment une surcharge terrible, font disparoître le peu d'aisance qui pourroit y rester, & rendent les tailles si difficiles à percevoir, incendies fréquens de taillis, de granges, de maisons, vols de toute espéce & assassinats.

Différence entre ce crime & les autres.

Il y a entre le crime d'un Vagabond & ceux que la Loi punit du dernier supplice, une différence remarquable. Un homme qui a toujours vécu avec probité peut tuer dans un accès de colere, peut succomber à la tentation de voler. Il est probablement sûr qu'il ne sera jamais tenté de commettre le même crime deux fois en sa vie. Le crime d'un Vagabond, au contraire, n'est pas le crime d'un moment, c'est un délit réfléchi, continu & habituel. Ce n'est presque que parmi eux que l'on trouve des voleurs & des assassins de profession. Cependant ce crime est traité avec une indulgence qui lui est particuliere. Tout autre criminel est puni rigoureusement dès qu'il tombe entre les mains de la Juſtice. Ni ſes larmes, ni ſon repentir, ni vingt années paſſées depuis dans l'innocence ne peuvent le juſtifier. Un Vagabond, au contraire, s'expoſe volontairement à la peine: il eſt toujours le maître de s'y ſouſtraire en quittant cet état : quand il l'auroit continué pendant vingt ans, dès qu'il y renonce, il ceſſe d'être coupable aux yeux de la Loi, qui ne voit plus en lui qu'un Citoyen. Cette facilité d'éviter la peine n'eſt-elle donc pas une raiſon pour la prononcer plus ſévere. Cette raiſon eſt d'autant plus forte, que la menace d'une peine ſévere ſuffit pour faire diſparoître les coupables.

La peine dont il s'agit eſt dans une exacte proportion avec ce crime.

La peine des galeres à perpétuité eſt dans une exacte proportion avec le crime. Il eſt juſte de forcer au travail un homme qui ne peut vivre qu'en travaillant, & qui veut vivre aux dépens des autres ſans rien faire. Il eſt juſte de lui ôter ſa liberté dont il a abuſé, de le retrancher de la Société à laquelle il eſt nuiſible. La Société ne perd pas un Citoyen en ſa perſonne, elle ſe délivre d'un ennemi, & elle recouvrera des Citoyens dans tous ceux que la ſévérité de la peine détournera de continuer ou d'embaſſer cet état.

Elle ſera inſuffiſante ſi on la réduit à tems, au lieu de la prononcer perpétuelle.

Si par une ſuite de cette indulgence démeſurée dont on a uſé envers eux depuis ſi longtems, on veut modérer la peine portée par la Déclaration de 1687, & la réduire à tems au lieu de la prononcer perpétuelle, on manquera tout le fruit de la Loi, & ſon effet le plus avantageux.

1°. Les Vagabonds ne craindront plus d'être arrêtés par les gens de la campagne, qui n'oſeront certainement pas le faire tant qu'ils ne ſeront pas aſſurés d'en être délivrés pour toujours. On craindra avec raiſon qu'ils ne reviennent & ne ſe vangent cruellement de ceux qui les auroient arrêtés. Les Vagabonds n'auront donc plus que la Maréchauſſée à craindre. Or la Maréchauſſée ne peut y ſuffire : elle n'eſt ni aſſez nombreuſe, ni aſſez payée pour cela. Quelque zele qu'on lui ſuppoſe dans les premiers momens, toute activité eſt ſujette à ſe rallentir avec le tems, c'eſt un défaut attaché à l'humanité. Les Tribunaux n'ont point d'inſpection ſur les Maréchauſſées : elles dépendent immédiatement du Miniſtre à qui des ſoins multipliés & de la plus grande importance, ne permettent pas d'éclairer tous les détails de l'éloignement où il eſt placé. Voilà donc les Vagabonds raſſurés par l'eſpérance d'échapper aux recherches. Très-peu quitteront leur état, c'eſt-à-dire que la Loi n'atteindra pas ſon but, qui doit être non de punir, mais d'empêcher qu'il n'y ait des coupables, & d'arrêter le crime. Soutenus par l'attente d'un tems plus favorable, beaucoup pourront pendant quelques mois ſe dérober aux pourſuites, & reparoîtront dès qu'ils croiront l'ardeur des Maréchauſſées ralentie.

2°. La crainte d'une peine paſſagere n'eſt pas ſuffiſante pour les contenir, Elle pourra en diminuer le nombre, mais non en éteindre la race. Ce ſeront préciſément les plus déterminés & les plus dangereux qui reſteront. S'ils ne voyent pas jour à mendier avec la même ſûreté, ils deviendront Voleurs de profeſſion. Les Vagabonds ont embraſſé cet état pour toute leur vie, il faut leur faire enviſager une perſpective qui ait la même durée; plus courte, elle leur laiſſeroit appercevoir le terme de la peine & la poſſibilité de recommencer.

3°. Un petit nombre de condamnations à perpétuité ſuffira pour les intimider tous & les faire diſparoître. Si on les prononce à tems, il faudra faire beaucoup plus d'exemples, parce que les exemples auront d'autant moins d'efficace que la peine ſera moindre. L'indulgence aboutira à prononcer un châtiment moins rigoureux à la vérité, mais à le prononcer contre un bien plus grand nombre. La peine gagnera en étendue ce qu'elle perdra de force.

4°. Dès que les Vagabonds ne feront plus que pour un tems aux galeres, on ne pourra les marquer qu'à l'épaule, & non au front ou à la joue comme nous le propoſerons ci-après; par conſéquent l'Etat n'aura plus la même facilité pour les employer où il jugera à propos, ils ſeront en bien plus grand nombre, & on ne pourra pas en tirer les mêmes ſervices.

Examen de cette peine par rapport au caractere des Coupables.

II. La peine dont il s'agit doit être conſidérée non-ſeulement par rapport à la nature du crime, mais auſſi par rapport au caractere des coupables. Des injonctions, des menaces, une punition légere, une honte ſalutaire peuvent faire rentrer en lui-même un homme qui n'eſt que libertin, & réveiller en lui des ſentimens qui ne ſont qu'aſſoupis. Faites ceſſer le tumulte des paſſions, il rougira de lui-même. Ces mêmes moyens ſont trop foibles pour corriger un homme qui a ſecoué tout joug, & ne connoît d'autre bonheur qu'une vie oiſive, brutale & indépendante. Qu'on nous paſſe le terme, c'eſt une bête féroce qu'on ne peut apprivoiſer à un certain âge par la douceur, ni réduire par des chât'mens légers; on ne parvient à la dompter qu'en la mettant à la chaîne. Mais il lui reste assez de raison pour craindre la menace & éviter la peine. Il faut en profiter en la prononçant assez forte pour l'intimider. C'est sous ce point de vue le seul vrai en général qu'il faut envisager les Vagabonds.

Par rapport à la qualité des Coupables.

III. Il faut encore considérer la peine dont il s'agit par rapport à la qualité des coupables. Un homme d'un certain rang est sensible à l'admonition, encore plus à la peine du blâme. Le fouet, le carcan font impression sur un homme du peuple, mais domicilié, qui a une famille, des connoissances, un état, un commerce, des relations. Le bannissement est pour lui une peine des plus séveres; car elle le dépouille de tout ce qu'il posséde, elle l'arrache aux liens les plus légitimes & les plus chers. Mais un Vagabond est un homme qui n'a ni famille, ni bien, ni état, ni honneur à perdre, & par conséquent qui ne peut être touché des châtimens qui affectent plus la réputation que la personne. Privé de tous les rapports qui constituent le Citoyen, renfermant tout son être en sa personne, il n'a au monde que sa liberté qu'on puisse lui enlever; il ne donne prise que de ce côté-là; tant que vous l'attaquerez par un autre endroit, vous le trouverez invulnérable. Les galeres ne sont une peine pour lui que parce qu'on lui ôte la liberté, & qu'on le force au travail. La mort civile qui dans cette condamnation nous frappe davantage, est pour lui la moindre partie de cette peine. Qu'importe à un Vagabond de mourir civilement, a-t-il un état à perdre, un honneur à conserver, des biens dont il puisse disposer? Il ne connoît que la vie naturelle, elle est pour lui tout ce qu'il possede. La mort civile est donc à son égard une peine imaginaire, qui n'ayant rien de physique, n'a rien de réel, qui ne peut ni l'intéresser, ni l'affecter; c'est pour lui un mot vuide de sens dont il n'est pas même à sa portée de comprendre l'effet. La condamnation aux galeres ne lui ôte pas proprement la qualité de Citoyen, il s'en est dépouillé volontairement. Mais la menace de cette peine est capable de la lui faire reprendre.

Par rapport à la famille des Coupables.

Peut-être nous objectera-t-on que si un Vagabond ne mérite personnellement aucun égard, sa famille peut en mériter, & qu'elle sera deshonorée par la condamnation aux galeres.

Mais, 1°. la famille l'ignorera presque toujours. Un Vagabond ne se fait guère prendre dans son pays; & pour peu qu'il y ait d'éloignement, sa condamnation est ignorée: on le croyoit mort, on le croira encore: il arrivera donc rarement que la famille en soit deshonorée.

2°. Cela pourra cependant arriver; mais les Loix sont générales, & ne peuvent entrer dans ces sortes de considérations particulieres. Si celle-ci suffisoit pour empêcher la punition des crimes, elle se présenteroit toujours pour désarmer le bras de la Justice.

3°. Cette considération se présente bien plus souvent dans la punition des autres crimes. Les domiciliés ont une famille connue, qui souvent

méritoroit

méritéroit bien des égards ; qui feroit tout pour ſe délivrer d'un opprobre. Les Vagabonds d'ordinaire n'ont point de famille, ils n'entreprennent point de la reclamer, ils n'appartiennent à perſonne, ils ne ſont avoués de perſonne. Jamais la Loi n'aura moins à craindre de flétrir les familles que lorſqu'elle proſcrira les Vagabonds.

Si l'Accuſé n'a embraſſé l'état de Vagabond que depuis peu de tems, s'il rend un bon compte de ſa conduite précédente, s'il donne des enſeignemens qui faſſent connoître ſa famille, & qu'elle l'avoue & le reclame, en ce cas il ne ſera pas déclaré Vagabond, ni puni comme tel. Il convient de laiſſer une certaine étendue à l'arbitrage des Juges pour les mettre en état de faire ce diſcernement. L'habitude où ils ſont de juger des Vagabonds, leur fera très-bien diſtinguer ceux qui n'ont pris cet état que par une légéreté de jeuneſſe, de ceux qui l'ont pris déterminément & pour toujours. Ils ne pécheront jamais à cet égard que par trop d'indulgence.

Par rapport à l'intérêt de la Société.

IV. Enfin il faut conſidérer la peine dont il s'agit par rapport à l'intérêt de la Société. Or ſon intérêt doit être enviſagé ſous deux rapports ; ſi on le conſidere d'une maniere principale & directe, il ſe borne à exiger que la Société ſoit délivrée d'un homme dangereux : elle eſt ſatisfaite à cet égard pourvu qu'on le mette hors d'état de nuire. La mort naturelle que les Loix prononcent en certains cas, n'ajoute rien à la sûreté qu'exige la Société ſous ce premier rapport.

Mais elle a dans la punition des crimes qui

l'attaquent, un intérêt secondaire qui influe puissamment sur le degré de la peine; c'est celui de contenir par des exemples, & d'intimider par la publicité & la sévérité des châtimens.

Quand même la peine des galeres à perpétuité paroîtroit trop forte sous le premier rapport, elle ne le seroit pas sous le second; mais elle est également nécessaire sous l'un & sous l'autre pour la sûreté de la Société. Elle l'est sous le premier, parce que les Vagabonds ne peuvent être reprimés que par une peine qui les mette hors d'état de nuire, ou qui les intimide assez pour les forcer de quitter cet état. Elle l'est *à majori* sous le second, parce qu'il n'y a que l'exemple d'un châtiment sévere qui puisse arrêter le cours de ce désordre le plus contagieux de tous. Qu'il nous soit permis de l'observer: un Contrebandier est puni des galeres; quelle proportion y a-t-il entre son crime & celui d'un Vagabond, entre l'intérêt des Fermiers & celui de la sûreté publique? Nous n'insistons pas sur le parallele.

Cette peine, bien loin d'être trop rigoureuse, est salutaire.

V. La peine des galeres à perpétuité, considérée sous tous ces rapports, n'est donc pas trop rigoureuse; il y a plus, elle est salutaire à tous égards, & c'est la sévérité seule qui la rend salutaire *pour le présent & pour l'avenir.*

Pour le présent.

Elle est salutaire *pour le présent.* Son effet indubitable sera de faire disparoître les Vagabonds en trois mois de tems, non par le nombre de ceux qui seront effectivement envoyés aux galeres, mais parce qu'ils prendront presque tous le parti de quitter un état qu'ils verront n'être plus praticable. On en arrêtera un certain nombre dans les commencemens, parce qu'accoutumés depuis longtems à regarder les Loix qu'on publie contr'eux comme des menaces sans effet, & les peines dont on les châtie comme un jeu, ils resteront pendant quelque tems dans la sécurité où ils vivent.

Mais dès que dans chaque Généralité on en aura envoyé 20 ou 30 aux galeres, dès qu'ils verront que les habitans de la campagne les arrêtent, bien loin de les craindre, ils sentiront qu'il n'y a plus à balancer, & qu'il vaut mieux travailler de bonne volonté que par force; ils verront qu'on en veut à leur liberté: & leur liberté leur est d'autant plus chere, qu'elle est le seul bien qu'ils possedent, & qu'ils ont toujours vêcu dans une indépendance absolue; ils solliciteront de l'ouvrage comme une grace, feront baisser par-tout le prix de la main-d'œuvre, & deviendront aussi soumis qu'ils sont insolens aujourd'hui.

Doit-on craindre de sacrifier au repos des campagnes, à la sûreté des Cultivateurs, à la tranquillité intérieure du Royaume, trois ou quatre cens de ces misérables, dès que par cette peine salutaire, on en rend peut-être cinquante mille à la Société, & aux travaux de l'agriculture & de l'industrie?

Craint-on que cette punition n'en fasse passer une partie à l'Etranger? Mais qu'importe de quelle maniere on en soit débarrassé; sont ce des Sujets précieux & dont on doive regretter l'émigration? Si quelques-uns prennent ce parti, ils ne trouveront peut-être pas ailleurs la même impunité qu'en France: ils ne tarderont pas à revenir; tout François a l'esprit de retour, & ils reviendront Citoyens.

Et pour l'avenir.

Pour l'avenir, cette peine ſera également ſalutaire. Il ne ſe formera plus de Vagabond, la race en ſera retranchée pour toujours. C'eſt l'impunité qui les multiplie, & il n'y aura plus lieu de l'eſpérer ſi l'on adopte les meſures que nous allons propoſer. C'eſt la contagion de l'exemple qui les perpétue, & l'exemple du déſordre ſera ſupprimé pour faire place à celui du châtiment. C'eſt la ſûreté dont ils jouiſſent qui les raſſure, & cette ſûreté ſera changée en la certitude d'être arrêté & puni. C'eſt la crainte qu'ils inſpirent qui les enhardit, & cette crainte qu'ils font aujourd'hui marcher devant eux, retournera ſur eux, paſſera dans leur ame, & détournera de cette vie coupable quiconque auroit été tenté de l'embraſſer. Les habitans de la campagne qu'ils vexent avec tant d'inſolence, qu'ils pillent, qu'ils menacent, qu'ils font trembler & obéir, ſeront pour eux autant d'ennemis qui les feront fuir. Un mot du Souverain ſuffit pour opérer ces miracles : qu'il parle, mais qu'il parle non comme à des Sujets qui écoutent avec reſpect la voix chérie du Maître, mais comme à des Rebelles qui n'entendent que la voix qui les menace, & ne ſont ſenſibles qu'au châtiment.

La peine de mort dont les Loix puniſſent les Vagabonds, Voleurs & Aſſaſſins, n'empêche pas aujourd'hui que ces crimes ne ſoient très-fréquens ; & cela par deux raiſons. La premiere, c'eſt que les Coupables eſperent n'être pas découverts, ils ſe cachent dans la foule des autres Vagabonds. La ſeconde, c'eſt qu'on ne peut arrêter efficacement ces grands crimes, qu'en allant à la racine du mal & en proſcrivant un état qui les facilite & qui y conduit. La peine des galeres contre tous les Vagabonds ſera tout autrement efficace : elle tarira la ſource des crimes.

Il ſe commet peut-être tous les ans dans le Royaume, par des Vagabonds, 200 aſſaſſinats ; c'eſt en un ſiecle vingt-cinq mille Citoyens enlevés à la Société. Si on exécute tous les ans 60 ou 80 Vagabonds auteurs de ces aſſaſſinats, de vols ou d'incendies, c'eſt encore 6 ou 8 mille Sujets que l'Etat perd. La punition de 50 Vagabonds qu'on eût envoyés tous les ans aux galeres, eût épargné tous ces crimes & conſervé la vie à tous ces Citoyens. Telles ſont les ſuites terribles d'une funeſte indulgence : tel ſera l'effet d'une ſévérité vraiment ſalutaire.

Moyens de tirer du ſervice des Galeriens.

Je crois avoir ſuffiſamment prouvé que la peine des galeres à perpétuité n'eſt pas trop rigoureuſe, qu'elle eſt proportionnée au crime, néceſſaire pour la ſûreté de la Société, ſalutaire à tous égards, & que la Déclaration de 1687, en la prononçant, a pris le ſeul moyen capable d'arrêter le déſordre dont il s'agit. Peut-être ſera-t-on effrayé de la quantité des Vagabonds, & craindra-t-on que l'Etat ne ſe trouve ſurchargé par un trop grand nombre de Galeriens.

Mais la plus grande partie des Vagabonds évitera ce châtiment, en cherchant ſérieuſement un emploi. D'ailleurs l'Etat tire des ſervices de leur travail. On les diſtribue dans les divers Départemens de la Marine, & ils ne manquent pas d'ouvrage.

[illegible]

Si on trouve en avoir trop pour le ſervice de la Marine, il eſt facile de les occuper autrement ; car il eſt toujours utile d'avoir des hommes, il ne s'agit que de les employer. On doit les regarder comme étant acquis à l'Etat par leur condamnation, & lui appartenant ainſi que des Eſclaves à un Maître. Fut-il jamais un titre plus légitime pour établir la ſervitude. L'Etat peut donc les occuper à tel ouvrage qu'il jugera à propos, & en diſpoſer comme de ſa choſe. Les Juges prononceront toujours la peine des galeres, & cette peine ſera cenſée accomplie par l'emploi & la diſpoſition qu'il plaira au Roi d'en faire (1).

Néceſſité de les marquer au front ou à la joue, pour éviter les déſertions.

L'eſſentiel eſt de les empêcher de s'évader, & pour cela il eſt un moyen sûr qui diſpenſera de les garder avec tant de dépenſe. Il ne s'agit que de les marquer au front ou à la joue de la lettre G; au lieu de les marquer à l'épaule, d'ordonner la peine de mort contre quiconque ſera rencontré ailleurs qu'à ſon poſte, en permettant à tout le monde de les arrêter, & de preſcrire la procédure qu'on doit tenir pour conſtater la déſertion & appliquer la peine. L'inſtruction doit être très-courte & très-ſimple, comme celle qui ſe fait pour condamner à mort les Déſerteurs.

---

(1) *Nota.* L'idée d'eſclavage ſous laquelle nous préſentons les Galeriens, eſt priſe dans la nature même de la peine & en eſt inſéparable. C'eſt ce que les Anciens appelloient *ſervus pœnæ.* Si nous développons cette idée, ce n'eſt donc pas pour expliquer l'effet de la condamnation qui eſt conſtant, mais ſeulement pour ouvrir des moyens ſimples de tirer des Galeriens un ſervice utile. Ce n'eſt pas la maniere dont on les employera qui les rendra Eſclaves, c'eſt la condamnation qui le fait néceſſairement.

Justice de la peine de mort contre les Déserteurs.

En effet dès que les Vagabonds, par la condamnation aux galeres, sont confisqués au profit du Roi, ils ne sont plus dans l'ordre des Citoyens, ils n'ont plus d'être civil, les Loix n'ont plus rien à statuer à leur égard ; c'est au Roi à en disposer & à s'en servir de la maniere la plus utile. Les peines qu'il peut ordonner pour les contenir dans le devoir, pour empêcher les révoltes & les désertions, ne sont plus dans l'ordre des peines judiciaires. Sous un autre point de vue, elles rentrent dans l'ordre des peines militaires, dont on peut tirer un exemple d'autant plus frappant, que les deux états sont plus disproportionnés d'ailleurs. Un Soldat déserteur est puni de mort, & quelle comparaison entre la désertion d'un Soldat qui s'est enrollé volontairement, & celle d'un homme devenu serf de la peine & acquis à l'Etat en propriété? Dans une armée, un mot de l'Officier qui commande a force de loi ; l'infraction d'une défense promulguée à la tête du camp, est punie sans délai & sans formalités, parce que le maintien de la discipline & de l'obéissance exige un châtiment prompt & sévere. Faudra-t-il donc prendre plus de précautions & employer plus de formalités pour punir un Galerien. Si le Soldat, homme respectable par sa qualité de Citoyen, & encore plus par celle de Défenseur de la Patrie, est assujetti à un commandement si austere & si absolu, doit-il paroître trop dur pour un homme que la Société a rejetté de son sein ? La nécessité de la discipline est la même de part & d'autre, & la différence des personnes met entre les deux un intervalle immense.

Emploi des Galeriens.

Ce moyen aussi simple que légitime, assure l'exécution des jugemens de la maniere la plus précise, & permet d'employer les Galeriens hors des Départemens de la Marine par-tout où l'on voudra sans craindre les désertions. On peut s'en servir pour exploiter des mines, creuser des ports, construire des canaux pour porter la circulation & la vie dans certaines Provinces. On peut en accorder un certain nombre à des Entrepreneurs d'ouvrages publics; ils seront chargés de les nourrir, entretenir & garder, & de les représenter à des Inspecteurs. On peut aussi en employer à la confection des chemins. Quel avantage si l'on pouvoit par ce moyen diminuer le nombre des corvées, & faire servir au soulagement des campagnes les Vagabonds qui en sont aujourd'hui le fléau.

On peut aussi en faire passer aux Colonies. Mais qu'il me soit permis d'observer que les envois qui ont été faits des Vagabonds aux Colonies, n'ont pas réussi; 1°. parce qu'on les a fait transporter par entreprise; les gens qui en ont été chargés, en ont beaucoup laissé périr dans la traversée faute de soin, & parce qu'ils en ont placé un trop grand nombre sur chaque Vaisseau; 2°. ceux qui sont arrivés n'ont pas été suffisamment secourus d'outils & de vivres pour être en état d'attendre la recolte; 3°. on leur a laissé leur liberté, & ils s'en sont servi pour désoler les habitans du Pays. Il semble que si on vouloit en envoyer de nouveaux aux Colonies, ils devroient y être occupés comme en France à des travaux publics; on pourroit aussi en concéder à des Propriétaires d'Habitation qui voudroient entreprendre des défrichemens; leur intérêt feroit de les conferver comme leur propre bien.

Au refte, on doit être perfuadé que la févérité de la peine diminuera confidérablement le nombre des Coupables, très peu s'expoferont à être condamnés aux galeres; & on ne manquera pas affurément de leur trouver de l'emploi en France (1).

Peine à prononcer contre les femmes.

La Déclaration du 28 Janvier 1687, prononce contre les femmes la peine du fouet, de la flétriffure & du banniffement. Je crois devoir obferver qu'outre l'infuffifance de cette peine que nous avons affez établie, le banniffement a des inconvéniens particuliers par rapport aux femmes. Que deviendra une femme que l'on bannit, où ira-t-elle, elle n'a pas les mêmes reffources que les hommes pour trouver du travail? Il n'y auroit, ce femble, d'autres peines à prononcer contre les femmes que le fouet, la flétriffure & la réclufion à perpétuité; mais où les enfermer? Il n'eft pas douteux que dans les Pays d'Etats où les Provinces ont des deniers publics, elles ne pourroient en faire un emploi plus utile que d'établir, fous les ordres

(1) Si le Gouvernement, comme on l'annonce depuis quelque tems, étoit dans la difpofition de changer la peine de mort prononcée contre les Soldats déferteurs, on pourroit adopter la peine des galeres à perpétuité; on en tireroit les mêmes fervices que des Vagabonds, en prenant, pour empêcher la défertion, les précautions que nous avons indiquées. L'Etat y gagneroit un très-grand nombre d'hommes qui font perdus pour lui; & une peine dont on a continuellement l'exemple fous les yeux, eft peut-être plus efficace que la peine de mort.

du Gouvernement, des Maiſons de Force où on renfermeroit toutes ces femmes; on les occuperoit à des travaux de main d'œuvre, & dès que les frais de l'établiſſement ſeroient faits, il eſt certain que l'émolument ſeroit conſidérable. En attendant on ne pourroit les enfermer que dans les Hôpitaux des Villes. Or ils ſont remplis par les Pauvres du Canton, & ils ne ſont pas conſtruits pour être des Maiſons de Force. D'ailleurs, n'y a-t-il pas à craindre que les Hôpitaux n'en ſoient ſurchargés ? Les Adminiſtrateurs péchent toujours par trop de bonté & de commiſération; ils n'ont à gouverner que des vieillards ou des enfans, ils ne ſçauront pas contenir ces femmes, & les faire travailler comme on feroit dans des Maiſons de Force.

Cette conſidération porteroit à penſer qu'on pourroit ſe contenter du banniſſement pour les femmes: quoique par des raiſons particulieres cette peine ne convienne pas pour les femmes, relativement à l'intérêt de la Société, il y a moins d'inconvénient à les bannir qu'à bannir les hommes. Lorſque la crainte des galeres à perpétuité aura détruit les Vagabonds, les femmes ſe diſſiperont néceſſairement, elles n'iront pas ſeules continuer ce genre de vie: elles ſont d'ailleurs moins à craindre; tant qu'elles ſeront avec les hommes, elles les rendront plus méchans qu'ils ne ſont, elles les animeront aux grands crimes; mais elles ne s'y porteront pas quand elles ſeront ſeules, & n'oſeront les entreprendre.

Ne pourroit-on pas concilier enſemble ces deux conſidérations, borner à cinq ans la récluſion des femmes dans les Hôpitaux, & même permettre aux Juges d'élargir après un ou deux ans, avec connoissance de cause, celles qui se seroient bien comportées pour le travail & l'obéissance, & qui paroîtroient promettre pour l'avenir une meilleure conduite. Cette espérance les porteroit à travailler. Il est à propos que le Juge & le Procureur du Roi ayent inspection sur elles, & qu'ils se transportent au moins deux fois l'année à l'Hôpital, pour s'informer de leur conduite & faire châtier celles qui le mériteront, sans préjudice de la correction qui appartient aux Administrateurs.

Il ne s'agit plus que d'indiquer des moyens faciles pour parvenir à arrêter les Vagabonds, ainsi que les Mendiants valides dont nous parlerons ci-après.

Divers moyens pour arrêter les Vagabonds.

Les Maréchaussées d'abord y serviront : elles sont établies pour cet objet, & il faut espérer qu'elles feront ce qui est en leur pouvoir, lorsqu'elles auront des ordres précis du Ministre. Mais elles ne sont pas assez nombreuses pour parcourir continuellement la campagne, & être par-tout où il seroit nécessaire ; ce seroit une dépense considérable que d'en augmenter le nombre, & notre but est de ne rien proposer qui soit coûteux au Gouvernement.

Les Maréchaussées.

Les Gens de la campagne peuvent y suppléer ; ils sont tellement vexés & tourmentés par les Vagabonds, qu'on peut assurer le Gouvernement qu'ils sont prêts à tout faire pour s'en délivrer, il ne s'agit que de les autoriser à les arrêter & à les conduire directement dans les Prisons de la plus prochaine Ville où il y a Présidial ; s'ils ne veulent pas aller si loin, ils peuvent les conduire au premier endroit où il

Les Gens de la Campagne.

y a des Archers de Maréchaussée, & en retirer une décharge qu'ils remettront entre les mains du Syndic de leur Paroisse.

Ils y sont sans doute autorisés dès-à-présent, tout le monde est bon quand il s'agit d'arrêter un Vagabond ; mais ils sont actuellement opprimés par la crainte, & souffrent dans le silence les plus grands excès, parce que les Vagabonds n'étant pas punis, on a tout lieu de craindre qu'ils ne reviennent & ne se vangent cruellement de ceux qui les auroient arrêtés ; mais dès qu'on sçaura qu'il n'y a plus rien à redouter de leur part, on s'empressera de tous côtés de les arrêter, & on parviendra bientôt à les rendre aussi rares qu'ils sont nombreux aujourd'hui.

Il est à propos seulement d'ordonner que la Déclaration du Roi à intervenir, soit lue aux Prônes de toutes les Paroisses. Qu'on se rappelle avec quelle célérité furent arrêtés les Vagabonds, lorsqu'en 1759, au lieu de faire tirer les Milices, le Roi permit de prendre des Vagabonds pour faire les remplacemens ; en un mois on en arrêta plus qu'il n'en falloit. Telle sera toujours la force & l'effet de l'intérêt ; il y a beaucoup d'occasions où tout l'art du Gouvernement consiste à mettre ce grand ressort en action, & à le faire contribuer à l'exécution de ses desseins ; il ne se trompera jamais lorsqu'il comptera davantage sur l'effet de cette passion active, puissante, infatigable, que sur l'attention & le zèle de ses préposés. L'exécution du Projet sur la Mendicité que nous allons exposer, est également fondée en grande partie sur le concours des intérêts particuliers.

Il eſt juſte cependant d'accorder à ceux qui ameneront les Vagabonds & Mendiants valides, un ſalaire modique qui puiſſe du moins les indemniſer des frais de voyage. Vingt ſols par lieue peuvent ſuffire ; ils ſeront acquittés ſur le champ par le Domaine, comme le ſont les frais de Témoins ; on ne payera que deux hommes pour en amener un. On donne une récompenſe de 10 liv. pour la tête d'un loup, un Vagabond eſt infiniment plus dangereux pour la Société. La ſomme qu'il en coûtera au Domaine ne ſera pas bien conſidérable, la Maréchauſſée en arrêtera de ſon côté qui ne coûteront rien, à moins que le Gouvernement, pour exciter les Archers à bien faire leur devoir, ne leur accorde une gratification pour chaque homme qu'ils ameneront en priſon & qui ſera jugé Vagabond. On doit d'ailleurs être aſſuré que la plûpart des Vagabonds & Mendiants valides ſe détermineront bien vîte à prendre de l'occupation, ce ſera l'effet indubitable & prompt de la ſévérité de la Loi. Enfin le Gouvernement gagnera d'un autre côté plus qu'il ne peut lui en coûter. Lorſqu'il n'y aura plus de Vagabonds, la ſource des crimes ſera tarie, & l'Etat déchargé de la pourſuite ſi coûteuſe des procès criminels qui s'inſtruiſent Prevôtalement. L'inſtruction des procès pour ſimple crime de Vagabond, n'eſt ni longue ni coûteuſe ; dans tous les autres genres d'accuſations, c'eſt au Miniſtere public à prouver, parce qu'il s'agit d'un fait qu'il faut établir ; ici c'eſt l'état même de l'Accuſé qui fait la matiere de l'accuſation : c'eſt à lui à prouver qu'il n'eſt pas Vagabond, à indiquer ſon domicile,

& à se faire avouer par des gens dignes de foi. Or c'est ce qu'un Vagabond n'entreprendra pas, il sçait qu'il ne peut y réussir, & il convient sur le champ de la vérité, ou dit qu'il s'en rapporte à Justice : il n'y a donc point d'informations à faire, & par conséquent ni recollement, ni confrontation ; tout se termine par l'interrogatoire & le jugement.

Etablissement d'Archers dans chaque Paroisse.

L'idée de cet établissement m'a été fournie par un Citoyen distingué par sa naissance & par ses lumieres. J'espere qu'il approuvera l'usage que j'en fais ici.

On peut prendre encore d'autres mesures pour arrêter les Vagabonds & Mendiants valides, car on ne sçauroit trop les multiplier quand on peut le faire sans dépense. Il y a des tems où les gens de la campagne sont tellement occupés, qu'ils auroient peine à quitter leur ouvrage pour amener les Vagabonds en prison : il s'en rencontre aussi qui sont timides, & qui n'oseroient les arrêter : pour y suppléer, on peut ordonner que le Seigneur, le Bailli & Procureur Fiscal s'ils résident, le Curé, le Syndic & les huit ou dix plus gros Taillables des Paroisses, s'assembleront & nommeront un Brigadier & deux Archers qui seront armés & chargés de prêter main forte à la premiere requisition d'un Habitant ou du Syndic, ils conduiront en prison ceux qu'ils auront arrêtés, ou qui l'auront été par d'autres personnes qui ne voudront pas les conduire. S'ils amenent des Mendiants domiciliés, ils apporteront par écrit le nom des témoins. Car dans un domicilié c'est la mendicité qui est l'objet de la peine. On préférera, pour les places d'Archer, ceux qui auront servi le Roi, ils seront modérés à la taille & exempts de corvée, & pourront, dans le tems de la récolte, faire une quête dans la Paroisse, on leur donnera volontiers. C'est un moyen facile de multiplier à l'infini les Maréchauſſées ſans qu'il en coûte rien à l'Etat.

On doit s'attendre que dans les pays couverts, les Vagabonds ne manqueront pas de ſe cantonner dans des bois, d'où ils attaqueront les voyageurs, & iront la nuit voler dans les maiſons écartées. Dans ce cas, le Syndic demandera une Brigade de Maréchauſſée, qui ne pourra lui être refuſée. On réunira les Habitans d'une ou pluſieurs Paroiſſes, chaque feu ſera tenu de fournir un homme, & on environnera le bois pour faire une battue & une recherche exacte.

Il ſeroit facile au Gouvernement de purger en peu de jours la campagne des Vagabonds, il ne s'agit que de leur donner le délai d'un mois, par la Déclaration, pour ſe retirer dans le lieu de leur naiſſance, ou prendre un emploi, & d'adreſſer à Meſſieurs les Intendans des ordres pour enjoindre, après le délai expiré, aux Maréchauſſées & aux Habitans de la Campagne de les arrêter tous en même-tems & de les amener dans les priſons. Cette premiere capture en diminuera conſidérablement la race, le Gouvernement peut ſe diſpenſer de payer pour cette fois ceux qui les ameneront, ils s'y porteront de grand cœur, & jamais ordre ne ſera mieux exécuté. Si dans le moment préſent on craint d'être ſurchargé d'un trop grand nombre de Galériens, en cas qu'on les arrêtât auſſitôt après le délai expiré ; il n'y a qu'à le faire mollement pendant le premier mois, en condamner ſur le champ un certain nombre, les flétrir au front ou à la joue, & répandre les Sentences dans les campagnes. La terreur ſe répandra parmi eux, ils disparoîtront comme des oiseaux qui s'envolent au premier coup du chasseur. C'est au Gouvernement à décider s'il est à propos de les faire arrêter, pour ainsi dire, d'un même coup de filet, ou s'il vaut mieux leur laisser le moment de faire des réflexions, & donner à la terreur le tems de les pénétrer.

QUATRIEME PARTIE.

Projet sur les Mendiants.

Peines contre les Mendiants valides.

Le principal objet de ce Mémoire est la repression des Vagabonds, mal extrême, & qui exige un remede proportionné. Les Mendiants domiciliés sont beaucoup moins à craindre & plus faciles à contenir. Ainsi le projet que je joins ici est bien moins important en lui-même. Peut-être paroîtra-t-il compliqué & sujet à quelqu'inconvéniens de détail. Mais peu jaloux du succès de mon ouvrage en cette partie, je l'abandonne volontiers à la critique, & je m'applaudirai de l'avoir produit, s'il donne occasion à quelques Citoyens éclairés de proposer de meilleures vues. Je prie donc le Lecteur d'envisager ce projet tout différemment de l'autre. J'ai présenté le premier comme le seul moyen de couper dans sa racine un mal incurable à tous les remedes qu'on a employés jusqu'ici. Je ne donne le second que comme un plan que je crois pratiquable, mais qu'on peut varier & modifier de plusieurs manieres.

Il faut distinguer les Mendiants valides des invalides. La mendicité doit être interdite à

tout

tout homme ou femme valide, excepté dans quelques circonſtances rares de diſette ou de ceſſation de travaux de la main-d'œuvre. L'extrême néceſſité met alors au-deſſus des regles ordinaires. Le cas d'exception doit être laiſſé à l'arbitrage du Juge.

La faveur que méritent les domiciliés exige qu'il y ait des degrés dans les peines. La premiere contravention paroît devoir être punie du carcan dans un marché public; la ſeconde, du fouet & du carcan, tant pour les hommes que pour les femmes; la troiſiéme, du banniſſement à tems pour les hommes, (cette peine eſt très-ſérieuſe pour les domiciliés) & de la récluſion d'un an dans un Hôpital pour les femmes. On tâchera de les occuper comme les femmes Vagabondes, & elles ne ſeroient point à charge ſi on ſçavoit les employer. Au reſte, le Gouvernement n'ignore pas que les Hôpitaux auroient beſoin de ſecours: il pourroit facilement leur en accorder, en y réuniſſant quelques Bénéfices ſimples; c'eſt le meilleur emploi qu'on pût en faire & leur deſtination naturelle.

Deux partis à prendre par rapport aux Pauvres hors d'état de ſubſiſter.

Par rapport aux Pauvres qui ſont hors d'état de ſubſiſter par leur travail, à cauſe de leur âge ou de leurs infirmités, il y a deux partis à prendre; le premier, d'obliger chaque Paroiſſe de nourrir les Pauvres, en y comprenant les enfans que les peres & meres ſeront dans l'impuiſſance de nourrir: le ſecond, de leur permettre de mendier.

1°. Charger les Paroiſſes de les nourrir.

On peut dire en faveur du premier parti, que c'eſt un très-grand avantage de ſupprimer tout-à-fait la mendicité, que les Paroiſſes ne

Avantages. feront pas plus furchargées en nourriffant leurs Pauvres de cette maniere., que les enfans ne contracteront pas l'habitude de mendier ; que les Pauvres, qui font en état de parcourir tous les jours les campagnes pour chercher du pain, ne font pas incapables de toute efpèce de travail, & que ce travail eft abfolument perdu dans l'état actuel.

Inconvéniens. D'un autre côté, on eft obligé de convenir que fi ce projet femble le meilleur dans la fpéculation, il ne l'eft pas dans la pratique, vu les inconvéniens qui réfultent de fon exécution.

En effet, ou les aumônes feront volontaires, ou elles feront forcées. Si elles font volontaires, elles ne produiront pas plus que les quêtes qui fe font dans les Eglifes de campagne, où on ramaffe cinq à fix fols tous les Dimanches. La plûpart des gens ne donnent que lorfqu'on les follicite, la vue d'un miférable excite leur compaffion, la fimple connoiffance de fa mifere les laiffe infenfibles.

Si les aumônes font forcées, ce fera un véritable impôt, & par conféquent un établiffement qui paroîtra doublement onéreux ; onéreux par la contrainte, onéreux par la fomme en elle-même quelle qu'elle foit. On ne s'apperçoit pas de ce qu'on donne journellement, une contribution reglée femble tout autrement dure. Tout ce qui s'annonce comme impôt allarme néceffairement, tant par lui-même que par fes fuites : on craint que l'impôt ne fubfifte & ne foit détourné à d'autres ufages.

Si on fuit les Rôles des Tailles pour affeoir cet impôt, combien de Particuliers qui ont bien de la peine à payer leur taille, & qui feront hors d'état de ſupporter cette augmentation. Il faudra donc faire un diſcernement dans la Paroiſſe, & ne la faire porter qu'aux plus riches ; dès-lors elle deviendra plus forte, ils feront tout leur poſſible pour faire diminuer la ſomme, les pauvres ne ſeront pas ſuffiſamment ſecourus, & ils ne pourront mendier. Quelle ſera la perſonne aſſez déſintéreſſée & aſſez éclairée ſur l'état de la Paroiſſe pour régler la quotité de la ſomme à impoſer pour une dépenſe ſujette à varier.

On ſe flatte que les Pauvres n'étant plus obligés de parcourir les campagnes, pourront s'occuper à des travaux ſédentaires de main-d'œuvre, tels que le filage ou le tricot. Mais il faut leur fournir les matieres, & entrer dans un détail dont perſonne ne voudra ſe charger, ou même ne ſera capable.

La grande difficulté en outre eſt de faire la diſtribution des aumônes, & de proportionner les ſecours aux beſoins. C'eſt tout ce que peuvent faire les Dames de charité dans les Villes, elles en font leur unique occupation, & cette bonne œuvre eſt l'effet d'une piété peu commune. Si la diſtribution eſt mal faite, comme elle le ſeroit néceſſairement, les Pauvres ſeront ſans reſſource. Qu'on ne ſe raſſure pas ſur ce que les Curés pourront remplir cet office de charité, il n'y a guères qu'eux, en effet, qui puiſſent le faire dans les campagnes. Mais combien y en aura-t-il qui veuillent entrer dans tous les détails néceſſaires ? Combien y en aura-t-il qui donneront préférablement à ceux qu'ils affectionneront davantage, ou qui donneront ſans aſſez de diſcernement, ou qui diſtribueront en argent qui se dissipe, au lieu de fournir les vrais besoins en nature? Seront-ils les maîtres en entier, ne seront-ils sujets à rendre aucun compte, mais comment discuter un pareil compte, comment le rendre?

Ce projet, que j'ai vu proposer sérieusement, ne présente donc qu'une vaine spéculation impossible à réaliser, & dont l'exécution produiroit des abus plus grands que le mal qu'on veut arrêter.

2°. Tolérer la mendicité en la soumettant à une police.
C'est le seul parti possible.
Plan à cet égard.
Dans les Campagnes.

Il faut nécessairement tolérer la mendicité; mais en la tolérant on peut la soumettre à une police exacte, tant dans les Campagnes que dans les Villes; & tel est le but du projet que je propose ici.

Dans les Campagnes les pauvres invalides qui voudront avoir la permission de mendier, se présenteront dans une Assemblée composée du Seigneur, s'il réside dans la Paroisse, du Curé, du Syndic & des six plus gros Taillables de la Paroisse, ils exposeront leur état d'infirmité & de pauvreté, l'impuissance où sont leurs enfans de les soulager, & obtiendront, à la pluralité des voix, un certificat qui contiendra le nom des Paroisses dans lesquelles on estime qu'on peut leur permettre de mendier. On ne pourra excéder le nombre de quatre à cinq Paroisses. Le Juge du lieu, soit Juge Royal, soit Juge de Seigneur, donnera au Porteur de ce certificat une permission en parchemin, de mendier dans telles & telles Paroisses qui seront nommées. Cette permission sera expédiée gratis & sur du parchemin non-marqué; si quelque Pauvre est hors d'état par infirmité de faire le voyage, le Syndic se chargera de l'obtenir pour lui.

Tout Mendiant portera ſur lui ſa permiſſion & la montrera à tous ceux qui demanderont à la voir.

Chaque Paroiſſe dans l'Aſſemblée dont nous avons parlé, choiſira un chiffre ou une marque particuliere que les Mendians ſeront tenus de porter continuellement ; par ce moyen il ſera facile de diſtinguer les Mendians de chaque Paroiſſe, & chacun au bout de ſix mois connoîtra ceux de ſon canton, & ſera à portée de ſe plaindre au Syndic de leur Paroiſſe, s'il y a lieu.

Il ſera défendu aux Mendians de mendier au-delà du canton qui leur ſera preſcrit, & de prendre une autre marque que la leur ; à peine d'être punis pour la premiere contravention du carcan dans un marché public, du fouet & de la flétriſſure à l'épaule, pour la ſeconde du fouet & carcan pour les autres. Ces différentes peines ſeront prononcées ſans appel par le Juge Royal ordinaire s'il n'y a point de Préſidial dans les ſix lieues.

Le condamné ſera après l'exécution renvoyé dans ſa Paroiſſe, la note du Jugement ſera miſe par le Juge ſur ſa permiſſion de mendier.

Le Syndic de chaque Paroiſſe aura un Livre paraphé ſans frais par le Juge, ſur lequel ſeront inſcrits les noms, âges & demeure de tous les Mendians de la Paroiſſe. Il en aura un autre où ſeront inſcrits les noms des Mendians des Paroiſſes voiſines qui auront droit de mendier dans l'étendue de la ſienne.

Le Juge lui enverra une note du Jugement prononcé contre un Mendiant, pour par lui l'inſcrire en marge de ſon nom afin que l'on puisse connoître les récidives plus facilement.

A mesure qu'un Mendiant mourra, le Syndic effacera son nom, & tous les dix ans on fera un nouveau Registre & on brûlera l'ancien pour ménager les enfans & la famille de ceux qui auront été réduits à la nécessité de mendier.

Les Mendians sous les mêmes peines ne pourront porter aucune arme. Au moyen de cet arrangement les habitans de la campagne n'étant plus chargés que d'un petit nombre de pauvres, les nouriront aisément. Il est juste en conséquence que les Mendians d'une Paroisse soient tenus d'assister & nourrir ceux d'entr'eux qui seront détenus par maladie : le Syndic & le Curé y veilleront.

Il paroît inutile de prendre aucune précaution contre les enfans que les peres & meres envoyent mendier avant l'âge de douze ans ; passé cet âge, ils ne pourront le faire qu'avec permission, & s'ils sont invalides. C'est sans doute un très-grand mal que de tolérer la mendicité dans ces enfans, mais c'est un mal que l'état déplorable de nos campagnes rend nécessaire. Dans les cantons les plus riches, il y a des peres & meres hors d'état de nourrir leur famille sans ce secours.

Il est encore une autre espece de Mendians qu'il est nécessaire de réprimer, ce sont ceux qui sous prétexte d'avoir été incendiés, parcourent les campagnes & font des quêtes considérables, ils vont avec des chevaux sur lesquels ils chargent le bled qu'ils reçoivent, ils se disent porteurs de permissions que les Evêques leur ont accordées. A la faveur de ces permissions, souvent accordées légérement, &

toujours trop illimitées, ils ſe répandent de tous côtés & recommencent tous les ans le même voyage; combien n'y en a-t'il pas dont les permiſſions ſont fauſſes & ſuppoſées? Combien de vagabonds qui profitent de cette liberté indéfinie pour lever des contributions plus fortes. Il n'y a d'autre moyen d'arrêter ce déſordre, que de défendre à toute perſonne, ſous peine d'être traités comme les Mendians valides, de quêter ſans une permiſſion du Juge Royal du lieu où l'incendie eſt arrivé, elle ſera accordée ſur le Certificat du Curé, Syndic & des ſix plus gros Taillables de la Paroiſſe; elle contiendra le nom des Paroiſſes où il ſera permis de quêter, qui ne pourront être qu'au nombre de douze, & ſeront voiſines du lieu où l'accident eſt arrivé. Ces permiſſions ne ſeront que pour ſix mois.

Dans les Villes.

Dans les Villes, il eſt encore plus facile de contenir les Mendians que dans les Campagnes. Il ſe trouve des circonſtances dans leſquelles il ſemble qu'on ne puiſſe ſe diſpenſer de permettre la mendicité dans les Villes à des gens valides, ſçavoir lorſque les travaux des Manufactures qui occupent un grand nombre de gens ſont abſolument ceſſés, ce ſont des occaſions rares, dans leſquelles le Juge peut accorder pour un tems des permiſſions de mendier à des gens valides. Hors de ce cas, la mendicité doit leur être abſolument interdite, & ne doit être permiſe qu'aux invalides. Les invalides étrangers doivent être renvoyés chez eux avec un Paſſeport du Juge, s'ils ſont en état de faire le voyage; ceux qui demeurent dans la Ville depuis deux ans, feront regardés comme domiciliés.

Les domiciliés fe préfenteront devant le Juge de Police dans les Villes où il y en a, & devant le Juge ordinaire dans les petites Villes ; le Juge s'informera de leur fituation par le témoignage des Curés & des Dames de Charité, & en connoiffance de caufe, fera enregiftrer leurs noms & demeures fur un Regiftre à ce deftiné, & tenu par ordre alphabétique. Il leur donnera gratis une permiffion de mendier en parchemin, non timbré. Ils feront punis, comme il a été dit ci-deffus, s'ils font trouvés mendians hors de la Ville & Banlieue.

Ils fe repréfenteront tous les ans devant le Juge qui en fera le dénombrement, & réformera fon Regiftre en conféquence ; il pourra retirer les permiffions à ceux qu'il croira n'avoir plus befoin de ce fecours.

Il leur prefcrira une marque vifible & diftincte qu'ils porteront continuellement ; il eft à propos que cette marque foit un numéro différent qui fera diftribué à chacun, & écrit fur une Plaque de Fer-blanc, afin que fi un Citoyen a une plainte à faire contre quelqu'un d'entr'eux, il puiffe lire le numéro & le dénoncer.

Avantages particuliers de ce projet.

Rien n'eft plus utile que de foumettre les Mendiants à l'infpection continuelle de la Police, & de prévenir ainfi prefque tous les inconvéniens qui naiffent de la mendicité : ce projet a encore l'avantage de faciliter les moyens de réprimer les Vagabonds, & d'y concourir directement. En effet, dès que perfonne ne pourra mendier fans être connu de ceux à qui il demandera l'aumône, avoué de la Paroiſſe, autoriſé par le Juge, diſtingué par une marque viſible ; quiconque n'aura pas ces caracteres, ſera ſur le champ reconnu & arrêté pour être puni ſuivant ſa qualité.

Les Mendiants eux mêmes ſerviront à maintenir cette police & en ſeront comme les Inſpecteurs, ils ſont intéreſſés à défendre le territoire qui leur eſt aſſigné, à empêcher que des étrangers ne viennent partager les aumônes avec eux & leur enlever leur ſubſiſtance. Ils ſe promenent continuellement & ſont à portée de voir ce qui ſe paſſe. Ils ſont par conſéquent très-propres à découvrir les Vagabonds, les Mendiants valides, ainſi que les Mendiants des autres Paroiſſes qui s'écarteroient de leur canton, ils s'en informeront dans les Fermes, ils pourront les arrêter eux-mêmes s'ils les rencontrent, ou avertir le Syndic qui les fera prendre par les Archers. On peut les en charger expreſſément par leur permiſſion ; par ce moyen chaque Paroiſſe ſe trouvera gardée par une eſpece de Guet domeſtique, qui ne coûtera rien à entretenir.

Dans les Villes le Lieutenant de Police ou le Juge ordinaire pourra choiſir un certain nombre de Pauvres, gens de probité & intelligens, dont il fera des Archers des Pauvres, & à qui il donnera une eſpèce de Bandouliere. Ils recevront & exécuteront ſes ordres, arrêteront les Mendiants étrangers, & ſur-tout les Vagabonds ; ils iront dans tous les endroits où tous ces gens-là logent ordinairement, & donneront au Juge la connoiſſance la plus détaillée là-deſſus ; ils ſeront auſſi chargés de maintenir la Police parmi les Mendiants autorisés, & les empêcheront de mendier dans les Eglises.

Les Archers des pauvres seront payés des deniers municipaux des Villes ; c'est un des emplois les plus utiles qu'on puisse en faire ; ils auront chacun 150 livres, leur nombre sera relatif à l'étendue des Villes.

Les Mendiants, par la permission à eux accordée, seront chargés d'avertir les Archers de tous les Vagabonds qui entreront dans la Ville, ainsi que des Mendiants étrangers. Il y en aura toujours un certain nombre placés à tour de rôle aux portes des Villes ; ils détacheront un d'entr'eux pour suivre ceux qui entreront dans la Ville, & en avertiront les Archers. Leur intérêt les rendra exacts & attentifs.

Il y a des Villes où les Mendiants font à peu près la même chose d'eux-même ; ils se placent à tour de rôle aux portes, donnent une piece de monnoie aux pauvres étrangers qui entrent, & les font sortir de la Ville par une autre porte.

Il est juste que les Mendiants de profession ne participent point aux charités qui se distribuent dans les Paroisses ; elles doivent être destinées pour les pauvres familles qui ont peine à vivre de leur travail.

CONCLUSION.

Quoique le projet que je propose au sujet des Mendiants invalides tienne à la Police des Vagabonds, en tant qu'elle en facilite & en assure l'exécution, il en est cependant indépendant en lui-même : on peut adopter l'un, & négliger l'autre, ou imaginer par rapport aux

Mendiants ſimples un plan de Police différent. L'eſſentiel eſt de réprimer pour toujours les Vagabonds, & à cet égard le parti que je propoſe me paroît le ſeul praticable & efficace, & il a paru tel à pluſieurs Magiſtrats à qui ce Mémoire a été communiqué. Il ne s'agit que de renouveller à peu de choſe près la Déclaration du 28 Janvier 1687, en y ajoutant la flétriſſure au front ou à la joue, & la peine de mort contre les déſerteurs. Heureuſe la France ſi cette Loi ſalutaire eût toujours été obſervée depuis. LAgriculture eût été délivrée d'un fardeau qui l'accable, l'Etat auroit retranché la ſource des crimes, il n'auroit point la douleur de punir du dernier ſupplice un ſi grand nombre de coupables, il eût épargné en grande partie la dépenſe que lui cauſe l'inſtruction des procès criminels, il auroit été enrichi par les travaux de tous ceux que la crainte de la peine eut détouné de ce genre de vie; & ce qui eſt ineſtimable, il auroit profité de la population d'un ſi grand nombre de Sujets qui a été perdue pour lui. Qui peut dire à combien de milliers elle ſeroit montée depuis près d'un ſiécle?

Les maux paſſés ſont irréparables, mais ils deviennent utiles lorſqu'ils ſervent d'inſtruction pour l'avenir. Il appartient à un *Miniſtere* auſſi éclairé que celui ſous lequel nous vivons, d'aſſurer en cette partie le bonheur de notre poſtérité, & de nous faire jouir dès aujourd'hui des avantages ineſtimables de la Paix & de la ſûreté, en réprimant cette foule d'ennemis domeſtiques. Le mal eſt urgent: les Vagabonds n'ont jamais été en ſi grande quantité, jamais ils n'ont montré tant d'insolence ni commis tant d'excès.

FIN.

APPROBATION.

J'Ai lû par l'ordre de Monseigneur le Vice-Chancelier, un Manuscrit qui a pour titre : *Mémoire sur les Vagabonds & Mendiants*, & je n'y ai rien trouvé qui puisse en empêcher l'impression. A Paris, ce 8 Mars 1764. BOUCHAUD.

www.ingramcontent.com/pod-product-compliance
Ingram Content Group UK Ltd.
Pitfield, Milton Keynes, MK11 3LW, UK
UKHW022105170726
13837UKWH00003B/1083

9 782329 499178